问学

名家故事

（第四辑）

胡代松 ◎ 主编

湖南人民出版社·长沙

本作品中文简体版权由湖南人民出版社所有。
未经许可，不得翻印。

图书在版编目（CIP）数据

问学：名家故事. 第四辑 / 胡代松主编. -- 长沙：湖南人民出版社，2025.1. -- ISBN 978-7-5561-3806-7

Ⅰ. K825.1

中国国家版本馆CIP数据核字第2025LX3153号

WEN XUE：MINGJIA GUSHI（DI SI JI）

问学：名家故事（第四辑）

主　　编	胡代松
责任编辑	黎红霞　何　萌
装帧设计	谢俊平　刘阁辉
责任印制	肖　晖
责任校对	丁　雯
书名题字	倪文华
图解设计	速溶综合研究所

出版发行	湖南人民出版社［http://www.hnppp.com］
地　　址	长沙市营盘东路3号
邮　　编	410005
经　　销	湖南省新华书店
印　　刷	长沙鸿发印务实业有限公司
版　　次	2025年1月第1版
印　　次	2025年1月第1次印刷
开　　本	880 mm × 1230 mm　　1/32
印　　张	9.25
字　　数	230千字
书　　号	ISBN 978-7-5561-3806-7
定　　价	98.00元

营销电话：0731-82221529　　（如发现印装质量问题请与出版社调换）

序

一代湖湘社科学人的精神成长史

习近平总书记在哲学社会科学工作座谈会上指出："哲学社会科学是人们认识世界、改造世界的重要工具，是推动历史发展和社会进步的重要力量，其发展水平反映了一个民族的思维能力、精神品格、文明素质，体现了一个国家的综合国力和国际竞争力。""坚持和发展中国特色社会主义，需要不断在实践和理论上进行探索、用发展着的理论指导发展着的实践。在这个过程中，哲学社会科学具有不可替代的重要地位，哲学社会科学工作者具有不可替代的重要作用。"湘楚之地，人才荟萃，涌现出了一大批"不可替代"的社科名家。他们学风端正、学问精深，如松之挺拔、竹之坚韧，深耕学术沃土，勇攀思想高峰，为湖南乃至全国的哲学社会科学事业作出了卓越贡献。湖南省社会科学界联合会特设《名家故事》专栏，记录和展示湖湘社科名家的学术轨迹与人生故事，推出至今，反响热烈。

今年恰逢湖南省社会科学界联合会独立建制四十周年，编纂出版《问学：名家故事（第四辑）》，是赠贺湖南省社会科学界联合会独立建制的一份厚礼，也是一件嘉惠学人的好事。本辑以李双元、王兴国、李松龄、李育民、朱汉民、欧阳友权、徐晨光、柳肃、郑大华、陈松长、胡彬彬、张京华共12位湖湘社科名家的故事，开示了一条深入了解湖湘社科发展的思想门径，呈现了一代湖湘社科学人的精神成长史，对于承袭湖湘社科学人的品格风范和学术成就，构建具有中国特色和湖湘特点的哲学社会科学学科体系、学术体系、话语体系，具有深远的启发和良好的借鉴意义。

尤为珍贵的是，这些故事均由湖湘社科名家本人自述或亲笔撰写，文字虽朴实无华却饱含深情厚意。他们以自己数十载的求学、治学经历为脉络，书写了在不同境遇、不同心境下的独特治学历程与个性风采，于微言大义中见波澜壮阔，共同勾勒出一代湖湘社科学人的群英谱，读来令人感慨万端，能让哲学家领略思想深邃、让历史学者见证岁月沧桑、让经济学者洞见时代脉搏、让教育家感受文脉绵延、让文化学者目睹文明日进,可谓近年湖湘社科发展史的一个缩影。细细品读这些故事,可以清晰感知这些社科名家矢志社科、奋斗终身的人生轨迹。他们在党的领导下,始终坚持以文化人、以文育人、以文培元,于纷繁世界中坚守初心使命、探寻真理光芒,成为湖南乃至全国社科事业的见证者、建设者、开创者。

他们无愧为"守正且创新"的一代学人。"守正"即坚守历史唯物主义的基本原理和实事求是的态度,"创新"则为开辟新的研究领域,提出新的学术观点。"守正创新"四字贯穿于他们学术生涯的始终。正如书中名家、国际私法学泰斗李双元先生所言:"作为社会科学理论研究工作者,既要有对人民高度负责的社会责任感,又要有对真理执着追求的精神和实事求是的严谨治学态度,还要有敢于突破传统观念并提出新观点与新理论的勇气。"名家郑大华先生始终恪守"学术求真、做人崇善、生活唯美"的人生准则,成为中国近代思想文化史研究领域的著名学者。深谙哲学史脉的名家朱汉民先生在研究宋明理学时,不仅将其看作是中国哲学的断代形态,更是从中国思想史、中国哲学史的演变发展中考察其形成、演变和发展。名家徐晨光先生在"无人不老师""无处不学习""无时不机会"中实现了"党建开拓性研究"。

他们无愧为"身正且行直"的一代学人。因为处世不张扬、不虚诞,践行善举、德行为上,故能超脱于俗谛之桎梏，不计较生活中的琐碎得失，而对学问与事业始终饱含热忱。名家柳肃先生，在2012年长沙古城墙事件中，打响了一场由媒体、专家和大众参与的全民"保卫战"，被誉为"长沙的梁思成"。在经济学领域开疆拓土、成就斐然的名家李松龄先生，在面对学术之路的漫长与坎坷时提到："人生不是一帆风顺，学术研究也是如此。路漫漫其修远兮，吾将上下而求索。"名家胡彬彬先生坦言："国家给我的荣誉头衔很多，有人说我是'中国村落文化研究第一人''古村落研究的拓荒者'等，但我最喜欢的还是'村长教授'。"名家李育民先生则终生倡导"崇尚学术、笃实求真、自强不息、宽厚兼容"的为人治学理念，桃李天下、春晖四方。

　　他们无愧为"怀珠且韫玉"的一代学人。《文心雕龙》有云，学者既要"圆照之象，务先博观"，在耕耘学问时力求全面观察审视；又要"无私于轻重，不偏于憎爱"，做到平视、公正、理性，才能洞鉴肌理，穷天地之不至，达到"平理若衡，照辞如镜"的学术境界。这些社科名家正是这样，回顾艰辛来路，他们无一不是勤勤恳恳读书、老老实实研究，依靠自身努力，逐步向前摸索，为后来者留下深沉的脚印。也正因此，虽研究旨趣几经转向，他们却总能在新的研究领域做到"个中翘楚"。名家张京华先生不事繁华、不求名利、不辞辛苦，在治学时悟到："月印万川，理一万殊，只有将地域文化与中华文明紧密相连，地域文化才会显露出自己特殊而不可替代的重要价值。"名家欧阳友权先生作为中国网络文学的学科奠基人，坚持在新兴学科、交叉学科和边缘学科上做文章，以"人无我有、人有我强、人强我特、人特我绝"的策略打造后发优势。在简帛研究领域享誉国际的名家陈松长先生则指出："简帛研究方兴未艾，简帛研究未来可期，所谓道阻且长，行则将至，我将继续勉力为之。"名家王兴国先生将"甘于寂寞作文章"作为人生信条，成为湖湘文化史著名研究者。

　　正是一代代湖湘社科学人的坚守与奉献，阐发了湖湘文化的深厚底蕴与独特魅力。湖湘文化的传承、湘楚文明的壮丽，归于一代代湖湘社科学人的攀缘、成长与求变。我们有理由相信，湖湘社科事业也将在"江山代有才人出"中熠熠生辉、繁荣发展。

　　是为序。

湖南省社科联党组书记
副主席（主持日常工作）

12位社科名家"学术足迹"示意图

武汉大学
湖南省社科院
湖南博物院
船山学社
湖南省委党校
湖南师范大学
岳麓书院
湖南大学
中南大学
湖南科技学院

目 录

李双元	潜心学问　一心育人	-002-
王兴国	甘于寂寞作文章	-022-
李松龄	学术人生　贵在坚持	-046-
李育民	治学任教　心无旁骛	-068-
朱汉民	我的近思之学	-094-
欧阳友权	我为什么研究网络文学？	-116-
徐晨光	躬耕笃行的党建人	-142-
柳　肃	文物古建守护人	-164-
郑大华	咬定青山不放松	-186-
陈松长	却顾所来径——我的简帛研究之路	-212-
胡彬彬	能知此心无隔碍	-238-
张京华	追求意义是我学习的老师	-260-

后　记　　　　　　　　　　　　　-284-

李 双 元

李双元，1927年生，湖南新宁人，湖南师范大学终身教授、博士生导师，中国国际私法学会名誉会长。获"全国杰出资深法学家"称号，入选国务院学位委员会办公室组编出版的《中国社会科学家自述》和首批《当代中国法学名家》。曾任国务院学位委员会学科评议组法学组成员、中国国际私法研究会副会长、中国行为法学会副会长、全国高等教育自学考试指导委员会委员、中国国际经济贸易仲裁委员会委员、湖南省政府参事等。

主编国家级及省部级统编教材多种，学术专著数十种。主编的《国际法与比较法论丛》杂志创刊于2002年，至2023年已出第29辑。主持翻译重要经典法学译著3种。从教60余年中，指导博士40余人，硕士100余人。被誉为"新中国国际私法学的奠基人之一"。

李双元先生"学术足迹"示意图

武汉大学
华中农业大学
湖南师范大学
新宁县

武汉·武汉大学

武汉·华中农业大学

长沙·湖南师范大学

邵阳·新宁县

潜心学问　一心育人

前半生的跌宕起伏

少年接触进步思想并参与革命运动

1927年中秋节晚上，月亮从对面的崇山峻岭之巅升起之时，我在湖南省新宁县一个风景优美的小市镇——冻江口出生了。

因为在我之前家里已有几个哥哥姐姐，父母深感多子女之苦，故而为我取名"双圆"，意思是月圆人圆，不必再生育了。

我小学到初中毕业，正值抗战时期。那时，家乡的整个县城仅三所小学，初中也是自长沙文夕大火后，由避居我们县的一批大学生办的一所私立学校，离家很远。

我接触马列主义是比较早的。

武汉、长沙相继沦陷后，曾有大批进步文化人士群集桂林，当时我大哥正在桂林念高中，他每到寒暑假回家，都要带一批在桂林买到的进步书籍。

因此在未上高中之前，我便读过了王达夫的《苏联二十年》、艾思奇的《大众哲学》以及许多国内翻译出版的苏联文学名著（如普希金的诗集、《苏联作家七人集》、《死敌》、《被开垦的处女地》等）。

少年的我对俄国的十月革命、苏联的社会主义制度和中国共产党领导的中国革命运动已十分熟悉。

抗战胜利后，我进入高中，常常能读到一位好友的哥哥从当时国立西南联合大学寄来的各种进步报刊以及恢复后的燕京、清华等大学的校报。大哥又将他买来的《联共党史》《反杜林论》和列昂节夫的《政治经济学》等许多理论高深的著作给我收藏。

在高中阶段，我还带领班上的 28 位同学，不顾学校的阻拦，参加了当时遍及全国的"反饥饿、反迫害，争民主、争自由"的学生运动。

高中毕业后，我还投身到由几位共产党人与民主人士领导的新宁县迎接解放的准备活动中。

在武汉求学和工作

家乡解放后不久，我一心想升入大学，继续学习马克思主义理论，便离开了起义部队（没有参加该部队的整编），于 1950 年初离家来到武汉，寄住在一位同乡同学处温习功课，参加了新中国成立后的第一次大学招生考试，后来被武汉大学法律系录取。

在武汉大学法律系的五年学习生活（1950 年下学期参加土改后因病只能上半课，即每学期只能修一半或一半稍多一点的课程，直到 1955 年才毕业），是我在各级学校中得益最多的五年。经过这五年的学习，应该说，我对马克思主义已懂得更多。在法律方面，因引进的苏联法学教材逐渐增多，我在法律专业知识方面打下了初步的基础。在学习成绩上，我也是经常受到老师赞许的学生。

毕业时，我被武汉市人事部门分配去一所初中当了语文与宪法课（当时初中毕业班得开设宪法课）教员。

对我而言，给初中生上课是很难的，既要讲课，还得不断维持课堂纪律，我又没有一点教学经验，好在我过去的语文和法律功底还足可应付初中毕业班的教学需要，因而学校领导还是满意的。

后来，我被通知去中共武汉市委宣传部理论学习室报到。领导要求我编制几个学习计划，并给初级干部班讲述毛主席的《实践论》和《矛盾论》，后来又负责编制全市高级干部学习马克思主义哲学的计划。

在理论室工作时，中国共产党第八次全国代表大会召开了，我随市委宣传部和理论学习室的负责同志一道去参加了当时湖北省省长出席中共八大回来后的一次小范围传达会议，而且又从报纸上公布的几个文件中看到中共八大对中国形势的研判。我认为这是十分正确的，而且备受鼓舞。

在市委宣传部工作期间，因为我早就接触了马列主义，又接受过马列主义课程的大学教育，自己的阅读范围也是比较广泛的，加上记忆力很好，工作表现应该是不错的。

记得有一次市委第一书记要向全市领导干部作一次理论报告，他的秘书来我们理论学习室要求为书记提供一份马克思、恩格斯、列宁、斯大林、毛泽东等人的经典作品中对有关问题论述的目录清单，学习室负责同志便把这个任务交给我来完成，我问秘书几天之内交稿，他给了一个较宽的期限，由于我对这个问题需要或可以参考的经典著作记得比较清楚，检索起来相当方便，到第三天这位秘书来学习室聊天时，我便把一份相当详细（甚至包括页码）的参考书目交给了他。

此后不久，市委机关精简机构，我因在大学申请入党未获批准，在党委机关工作始终感到诸多不便，很想离去。

此事被华中农学院（今华中农业大学）马列主义教研室的一位曾在宣传部工作过的老党员知道后，便要求将我调入华中

■李双元教授的书柜里，有很多是他的著作

农学院马列主义教研室去教哲学。

在离开市委宣传部时，宣传部常务副部长和办公室主任把我叫去办公室与我谈话。他们既充分肯定了我在市委宣传部工作期间的表现，同时又谆谆勉励我从宣传部去到华中农学院后，千万要谦虚谨慎、戒骄戒躁。

对于他们的鼓励与告诫，我内心是非常感动的。

后来我被调入华中农学院马列主义教研室任哲学教员，负责辅导该校仿苏联模式招收的农科"副博士研究生"学习恩格斯的《自然辩证法》等名著，恩格斯的经典著作博大精深，当时我自己都不知道到底读懂了多少，但还是接受了这一任务，并与研究生们接触过几次。

非常岁月坚持苦读

1956年11月起，我开始遭受不公平待遇，虽于1961年摘帽，但到1978年才得以改正。

在这期间，我并未消沉下来，对党的事业和国家的前途一直保持积极乐观的态度，我将每天体力劳动之余的时间全都用在研读传统典籍、马克思主义哲学及理论典籍上。

这20年对于我来说，等于重新上了几番自修大学。

我不但可以继续研读马列主义的一些经典著作，还用几年的业余时间，重新温读和背熟了中学阶段由语文教师和父亲讲解过的200来篇古文，而且全是按父亲教我的办法，先是一笔不苟地把原文抄写得工工整整，然后再利用工具书加注加解，最后一直读到能倒背如流。

我还利用自己在图书馆工作的有利条件，找到各种工具书，对《大学》《中庸》《论语》《孟子》，以及屈原的《楚辞》、吴闿生的《诗义会通》等典籍，进行大量补注和考证。

我还坚持读英文版的《北京周报》和《毛泽东选集》，英文版《毛泽东选集》前4卷我全都通读了，到第五卷读了近一半时，我的问题终于得到了改正。不久后的1979年7月，武汉大学法律系也恢复了，筹备恢复武大法律系的几位老师都十分愉快地同意了我回武大法律系执教的请求。

中年重返学术之路

国际公法的教学和研究

几位老师均同意我回母校之后，我本是提出想随马克昌先生研究刑法或中国法律史，但因韩德培老师提出国际法方面缺人，筹备组的领导通知我研究国际公法。

在阔别20多年后，我在大学生活中十分钟爱的法学，终于有了重新捡起来的机会，心中的兴奋和喜悦之情是难以言表的。

但具体到搞国际法，我又感到压力太大，不知道自己的外语能力能否应对这门学科，便从一份复印资料上找到一篇论石油危机的英文长文，将其翻译出来后，跑回武大给韩德培老师审阅。后来听说尽管翻译文章毛病不少，但韩老师看过我的译文后，还是给予了充分的肯定。

我对工作的态度一直是十分严肃负责的，无论什么工作，只要领导分配给我去完成，我总是生怕完成不好而耽误工作，受人指责。

在我上大学时，国际公法这门课开的课时很少，原本学到的东西就不多，加上自己的知识贫乏，就只好"笨鸟先飞"，早做准备，多多钻研。

机缘巧合转而研究国际私法

当我正准备在一些摘要与笔记的基础上写讲义时，筹备组找到了另外两位可以教国际公法的老师，而韩老师因仍缺助手便叫我随他改教国际私法。

接到韩老师的指示后，我翻遍图书馆，找到了苏联学者隆茨编写的《国际私法》和荷兰国际私法学家康·弗鲁恩德（O·Kahn-Freund）刚出版不久的《国际私法的一般问题》。一本是苏联国际私法学的权威著作，一本是当时西方国际私法学家对国际私法的历史发展及许多基本问题的论述，它们正好从社会主义立场和资本主义立场两个方面，介绍了什么是国际私法以及国际私法包括哪些内容。

1980年初，武大法律系的资料室也逐渐建立起来。

它的第一批资料，便是70岁高龄的韩老师带领资料室的几位小姑娘，从武大老图书馆最顶层厚厚的灰尘中一本一本清理出来的。

在这些书中，我找到了马丁·沃尔夫1945年出版的《国际私法》，努斯鲍姆1942年出版的《国际私法原理》，切希尔1938年出版的《国际私法》第二版，艾伯特·维恩·戴西1896年出版的《冲突法论》的第一版，美国学者比尔1935年出版的《冲突法专论》等书。

我还从外校复印了一套拉沛尔的国际私法巨著《冲突法比较研究》。由于资料室这时的经费比较充裕，武大已恢复中断了40年的法律方面外刊的订阅，如《美国比较法》杂志、《英国国际法年鉴》、《荷兰国际法年鉴》等，这些刊物都是经常收录国际私法论文的。同时我还找到《戴西和莫里斯论冲突法》第十版，切希尔和诺思的《国际私法》第十版，莫里斯的《冲突法》第二版，捷克斯洛伐克学者卡兰斯基的《国际私法的发展趋向》，格雷弗森的《冲突法的起源》以及康拉德·茨威格特主编的《国际比较法百科全书》等一大批英文著作。

这让我在一边学习、一边研究、一边给研究生讲课的过程中有了相当丰富的资料，我也越来越感到国际私法在当代已是一门发展得很快且内容不断拓展的法学学科了。

在1982年上学期，韩老师去美国讲学，便把由他担任主编、刘丁和任继圣两位先生担任副主编的中国第一本国际私法大学统编教材中冲突法部分的改写、统稿和定稿工作交给了我。正是靠着上述资料，我得以比较顺利地完成了工作。

撰写国际私法系列著作

在这项工作的进行过程中，我深感自国际私法传入中国起，至今尚无一本专门研究冲突法的专著，而冲突法作为国际私法的本体部分，在二战后已有了很大的发展与革新，于是又着手在给研究生讲课的同时，撰写了一部当时名为《国际私法专题研究》的讲义，获得武汉大学第一届自编优秀教材一等奖。

以此为基础，我写成了一本《国际私法（冲突法篇）》，经韩老师题写书名，于1987年问世了。

在该书稿行将发排的1986年5月至8月，我因心脏病第一次长时间住院。

在完成《国际私法（冲突法篇）》之后，我本规划继续编著

《国际私法（实体法篇）》和《国际私法（程序法篇）》。但一则这时从事国际私法实体法部分研究的学者已经不少，且这一部分又与国内"大"国际经济法学派所主张的内容有所重叠，再则鉴于国际民事诉讼法（包括商事仲裁）乃现代国际私法的一项重要内容，在国内无人来做专门的系统研究，便决定以匈牙利国际私法学者萨瑟的大部头著作《国际民事诉讼法比较研究（The International Civil Procedure. A Comparative Study）》为蓝本，与我的学生谢石松合作，花了三年多时间，完成了一本近50万字的专著《国际民事诉讼法概论》，该书还入选了教育部哲学社会科学博士点基金项目。

由于我们以之为蓝本的萨瑟的这部书涉及的内容十分全面，大大超出了国内国际私法学著作涉及的国际民事管辖权、司法协助与判决的相互承认与执行这三块的范围，因此，尽管书中许多内容是直接从萨瑟的书上译过来的，读起来颇为费力，但对于拓展国内国际私法特别是国际民事诉讼法研究者的视野和知识领域，还是大有裨益的。

在完成这一项目的同时，列入国家与湖北省的"七五"社会科学基金项目的《中国与国际私法统一化进程》与列入全国高等教育自学考试统编教材的《国际私法》两本书的编写工作也在进行中，并分别在1992年于武汉大学出版社和1991年于北京大学出版社出版。

就前一著作而言，在立项时，我便与当时正在德国深造的徐国建博士交换过意见，我们均认为中国国际私法学界应对规模与范围正在不断扩大的国际私法统一化运动作长期的跟踪性研究，这个项目的完成应起到唤起国内对这种统一化运动研究的重视和兴趣的作用。

而后一著作，由于作为主编的我很想按照与教材《国际私法》不同的体系和学术思想来写作，因而，我对一些应邀为该书撰稿的同仁们的来稿往往进行了较大改动，从而形成了与教材《国际私法》有所不同的另一个体系。我想这对于繁荣我国国际私法学也应该是有促进作用的。

对国际私法性质与功能的思考

1989年，我第一次提出"国际私法趋同化倾向随着国际经贸关系的日益发展而不断加强"的观点，后来发现整个国际社会的法律制度因和平与发展已成为当今时代两大主题，其趋同化趋势也是存在的，所以从1993年开始，我渐渐把研究兴趣转移到21世纪国际社会法律发展的基本走势预测以及国际私法性质与功能的重构等法理学方面。

我认为，社会科学，顾名思义，是以社会及其各种现象为研究对象，并揭示其发展规律的科学。因此，作为社会科学理论研究工作者，既要有对人民高度负责的社会责任感，又要有对真理执着追求的精神和实事求是的严谨治学态度，还要有敢于突破传统观念并提出新观点与新理论的勇气。

▎2007年，国际私法全球论坛暨中国国际私法学会年会期间，李双元（左一）向美国当代冲突法学家塞缪尼德斯教授赠送书籍

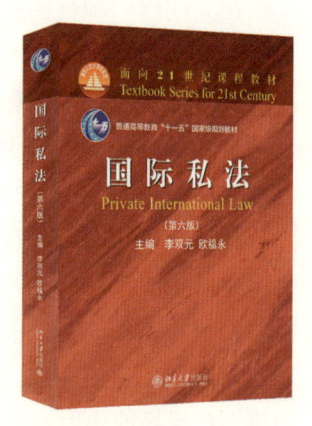

▎普通高等教育"十一五"国家级规划教材《国际私法（第六版）》

我有关国际私法研究的观点可以概括为法律趋同化、国际社会本位理念及国际民商新秩序的构建，具体而言：法律趋同化是国际私法研究的起点，构建国际民商新秩序为国际私法的功能与作用提供新定位标准，也是国际私法研究的归宿，而国际社会本位理念则为国际私法立法与实践的指导理念，三者具有紧密的联系。

1. 法律趋同化。所谓法律趋同化，是指不同国家的法律，随着社会需要的发展，在国际交往日益发展的基础上，逐渐相互吸收、相互渗透，从而趋于接近甚至一致的现象。法律趋同化的途径有二：一是各国在国内法律的制定和运作过程中，越来越多地吸纳国际社会的普遍实践与国际惯例；二是越来越多的国家积极参与国际法律统一活动。

2. 国际社会本位理念。所谓国际社会本位，指的是国际法将进一步深入到某些传统上只为国内法调整的社会关系中去，一国的法律遵循某些国际社会公认的准则成为客观要求，个人以至国家实施民事法律行为或行使民事权利，都应考虑到不损害国际社会共同利益。

3. 构建国际民商新秩序。首先，国际民商新秩序是全球整体意识不断加强的产物。这种在国际共识基础上建立的国际秩序应是一个有序、开放、灵活的大系统，它的建立和维持需要一套健全、科学的国际民商法律体系。国际私法则居于基础性地位。其次，这种国际民商新秩序必须谋求不同社会制度、不同发展水平的国家的人民之间民商事交流的开展和民商权益的平等保护。最后，国际民商新秩序与国际政治新秩序、国际经济新秩序是相辅相成、密不可分的。

国际政治、经济领域中的一些基本原则，诸如主权独立、平等互利、国际合作以谋求发展等，也是指导国际民商活动的重要准则，国际民商新秩序的建立并非权宜之计，而应是适用于国际大家庭的永久性秩序。

促成"中国国际私法研究会"和"中国国际经济法研究会"的成立

武大法律系恢复不久,教育部直属高校的第一所国际法研究所在武汉大学成立了。

当时,研究所领导韩德培与姚梅镇两位教授均年事已高,尽管我缺乏做行政工作的能力与兴趣,但作为他们的学生,只好先以研究所的秘书,后以副所长的名义,在一线帮助两位老先生做些具体工作。

由于韩老师是国际私法学界的泰斗,而姚老师又是中国国际经济法的奠基人,众望所归,我便带领一批青年研究生,从1985年起着手筹划成立以两位老先生为会长的"中国国际私法研究会"和"中国国际经济法研究会"。

经过充分准备,两个研究会的成立大会均于1987年下学期同时在武大召开。

争做"经师"和"人师"

从教近70年来,我一直努力,争取让自己成为"经师"和"人师"。

"经师"要求老师学术功力深厚、专业基础扎实,不仅传授知识,而且还对教育教学有专门深入的研究,掌握高超的教学艺术和方法,教学效果好;"人师"是指有高尚的道德、卓越的学术、完善的人格的老师。

"人师"不仅擅长教书,而且擅长育人,以其德、才、情去影响学生,教导学生怎么为人、如何处事,把学生塑造成真正的人、健康的人、完善的人、完全的人。

我在如下几个方面做了努力:

一是敬业。我从武汉大学毕业后，先是到武汉市委从事宣教工作，不久即转入华中农学院。改革开放后，我回到武汉大学从事国际私法教学和研究，后又到湖南师范大学担任终身教授。可以说，我这辈子都没离开过教书育人的岗位。我始终勤勤恳恳、兢兢业业，一直心怀教师的神圣感、使命感和责任感。

二是爱生。我始终做到对学生真诚地关心、爱护、帮助和提携。我总是尽我所能将学生推荐至最高人民法院、外交部、商务部、司法部等实务部门去调研，每次都写推荐信给相关部门的领导和专家，同学们得到热情接待，在理论和实践上都取得较大收获。我坚持打破课内和课外的壁垒，鼓励学生来我家讨论问题，讨论后常常挽留学生共进午餐或晚餐。

三是育人。我不仅注重教书，而且注重育人，坚持立德树人，用自己的言行、品德、操守培养学生，希冀受教的学生不仅学识丰富、能力不凡，更要品德优良、智慧睿达、身心健康、人格健全。我主动邀请学生参与我的课题的研究和写作，让同学们在做中学，熟悉各种学术规范和研究方法，为学生毕业后在相关领域进行深入研究打下坚实基础，学生驾驭资料的能力、写作能力以及逻辑思维能力和综合研究能力得到全方位的提高。

■ 李双元（前排右三）参加湖南师范大学法学院2016届博士学位论文答辩

四是求真。我本着社会科学工作者的良知，本着探索追求真理的精神来工作，社会科学一旦失去了这一目标，便会堕落成权力的附庸。在学术领域，我有一些学术观点和主张跟国内一些国际私法专家学者的观点不尽相同，但我仍有自己的坚持。

五是教导学生创新。当今世界的发展趋势，政治是多极化、经济是全球化、文化是多样化、社会是网络化、法律则是趋同化。尽管法律完全统一是不可能的，但通过国际条约和国际实践表现出来的趋同趋势是显而易见的，因而我主张让学生比较各国民商法制度，取其精华、去其糟粕，借以完善我国的相关制度。

六是教导学生坚韧。在和学生的日常交流中，我得知学生在就业中遭遇种种困难，我常常以自己的经历告诉学生，人的一生应该有自己的目标，还要有实现目标的方法和路径，更要有坚韧不拔、坚持不懈、坚定不移的精神，同时要不断提升自己的能力和素质，做到人无我有、人有我优，这样才能在工作中立于不败之地。

学以致用，服务社会

我致力于学以致用、服务国家法治建设，较为突出的事例有：

1981年春，应中国进出口管理委员会的邀请，与韩德培教授、上海社科院的周子亚教授一同进京，就该委欲终止中国与德国、日本数家企业签订的上海宝钢二期、南京仪征、山东胜利及新疆克拉玛依三个年产数十万吨的化纤厂成套设备引进合同而发生的重大争议，对该如何在法律上进行谈判提供法律咨询，避免了国家的重大损失。其间，法律资料的搜集与咨询报告的撰写主要由我完成，该报告后被编入教育部主编的《高等学校哲学社会科学研究优秀成果选编》。

1985年底，我参加彭真同志主持召开的一次讨论会，围绕即将提交第六届全国人民代表大会讨论的《中华人民共和国民

李双元(前排左三)参加 2007 年海峡两岸国际私法学术研讨会

法通则》展开讨论,重点讨论第八章"涉外民事关系的法律适用"。

1988年,我完成由中宣部、中国社科院下达的纪念十一届三中全会十周年的"七五"重点项目"我国对外开放法律环境的调查研究",后提交中宣部并在贵阳召开有关会议。

1997年至2002年,我受聘为湖南省政府聘任制参事,在我国加入世界贸易组织前后,为湖南省多个政府部门开展世界贸易组织法律制度专题讲座。

2009年至2010年,我撰写《涉外民事关系法律适用法》立法建议稿,呈交全国人大常委会法工委,部分内容被采纳。

幸得贤妻相濡以沫

在这个自述的最后,我首先得以无限感激之情,提到我已离世的妻子陈锡禄女士。

我考上大学外出求学,是在我们结婚仅一年多的时候,谁也没有料到,从此,我们竟分离了30年。

■ 2018年9月，李双元教授（前排左十一）从教60年暨学术思想研讨会合影

■ 李双元（主席台左六）出席从教60年暨学术思想研讨会

在我遭遇不公平待遇最艰难的时候，我担心会影响她和子女们的前程而几次劝她与我离异，她却忍辱负重，默默用她精神上的力量，在千里之外，支撑着我度过那难熬的漫长日子。

而当我们能在一起时，由于我工作繁忙，她不但独自承担沉重的家务，还要挤出时间为我誊写书稿。

因为我脑子里常常装着各种各样学问上的事情，一天难得同她讲上几句话，即使她走到我的书桌边来想同我聊聊天，我也只是简单地点头应付。

为了对她在感情和事业上的无私奉献表示一点回报，在《国际私法（冲突法篇）》出版时，我多么想在该书的扉页写上"以此书献给我的妻子"这句话，但终因当时不兴这种做法而放弃。

1989年11月23日清晨，她送我登上南去中山大学开会的车后，独自去菜场买菜时因脑出血倒在了摊位前。从此，为了照顾好妻子，尽量多陪伴在妻子身边，我大幅度地减少了出差，不到万不得已不再外出，尽量留在家里陪伴妻子。

一直到妻子于2011年9月14日离开我，22年如一日。

我的法学研究生涯，正是新时期中国国际私法发展历程的展现，其中开展的诸多重要研究和提出的诸多重要概念，不单单适用于国际私法领域，对整个法学研究都有普遍意义。作为国际关系中的主权国家，尤其是随着"一带一路"倡议的稳步推进，我国应当是生根于国际政治、经济和民商关系的国际私法的构建者和贡献者，而不是被动的受调整者和接受者，我国国际私法学说同样必须具备这种"大国情怀"。

我还要感谢湖南师范大学和武汉大学的领导，感谢湖南师范大学对我家人的帮助，也感谢武汉大学允许我挂靠湖南师范大学。

我所获得的诸多荣誉是党组织对我们这一辈法律人的肯定，是对广大默默奉献的老一辈法律人的褒奖，让国际私法实现"引进来，走出去"是我毕生的梦想，正因为这种信念，我的初心从不曾被艰难困苦所动摇，在为国为法为民的道路上也从不曾迷失，我将继续砥砺前行，为国家的法学人才培养、法治建设贡献自己的力量。

（本文由李久红和刘琳根据李双元教授自述和相关文献整理）

名家问学

> 社会科学理论研究工作者，既要有对人民高度负责的社会责任感，又要有对真理执着追求的精神和实事求是的严谨治学态度，还要有敢于突破传统观念并提出新观点与新理论的勇气。

主要学术成就

著　作

《国际私法（第六版）》，北京大学出版社，2022 年
《法学概论（第十四版）》，法律出版社，2021 年
《国际私法（冲突法篇）》，武汉大学出版社，2016 年
《涉外民事关系法律适用法的制定研究》，湖南人民出版社，2013 年
《中国国际私法通论 第三版》，法律出版社，2007 年
《法律趋同化问题的哲学考察及其他》，湖南人民出版社，2006 年
《国际民商事诉讼程序导论》，人民法院出版社，2004 年
《国际民商新秩序的理论建构》，武汉大学出版社，1998 年
《中国与国际私法统一化进程》，武汉大学出版社，1993 年

课　题

国家社会科学基金重点项目：全球治理下国际私法的功能定位研究，2016 年
国家社会科学基金一般项目：涉外民事关系法律适用法的制定研究，2010 年

论　文

《"一带一路"倡议下国际私法理念的新发展》，陕西师范大学学报（哲学社会科学版），2019 年第 2 期
《论公序良俗原则的司法适用》，法商研究，2014 年第 3 期
《构建国际和谐社会的法学新视野——全球化进程中的国际社会本位理念论析》，法制与社会发展，2005 年第 5 期
《全球化进程中的法律发展理论评析——"法律全球化"和"法律趋同化"理论的比较》，法商研究，2005 年第 5 期
《趋同之中见差异——论进一步丰富我国国际私法物权法律适用问题的研究内容》，中国法学，2002 年第 1 期
《从法律职能与法律体系的演进与变迁看法律的趋同化问题》，法制与社会发展，1999 年第 1 期
《关于建立国际民商新秩序的法律思考——国际私法基本功能的深层考察》，法学研究，1997 年第 2 期
《中国法律理念的现代化》，法学研究，1996 年第 3 期
《社会主义市场经济与我国国际私法的完善和发展》，中国社会科学，1993 年第 3 期

王 兴 国

　　王兴国，1937年生，湖南株洲人。湖南省社会科学院（湖南省人民政府发展研究中心）研究员，湖南省文史研究馆馆员，船山学社名誉社长，享受国务院政府特殊津贴专家。曾任国际儒学联合会理事、中国哲学史学会理事、中国实学研究会理事；湖南省哲学学会副会长、湖南省孔子研究会副会长、湖南省谭嗣同研究会副会长、湖南省书院研究会副会长、湖南省湖湘文化交流协会副会长、湖南省湖湘文化研究会常务副会长等。

　　曾先后在农村社教工作队工作3年，在中共湖南省委写作小组工作8年，任湖南省社会科学院哲学研究所所长14年，兼任船山学社社长24年，兼任《船山学报》（1991年后改为《船山学刊》）主编6年。曾获湖南省精神文明建设"五个一工程"奖4项；湖南省社会科学优秀成果一等奖2项、二等奖5项、三等奖1项、优秀奖3项。

王兴国先生"学术足迹"示意图

中国人民大学
湖南省社会科学院
船山学社
中共湖南省委
株洲市

北京·中国人民大学

长沙·湖南省社会科学院

长沙·中共湖南省委

长沙·船山学社

株洲市

甘于寂寞作文章

父亲的身教：忠于职守，精益求精

我的老家在距长沙市 30 多千米的长沙县农村（今属株洲市），是一个耕读之家。曾祖父中过秀才，当过"绍兴师爷"；祖父担任过小镇税务所职员。父亲有四兄弟，他是老大，高小毕业后，因家中缺乏劳动力，从 1928 年起就学种田，当农民。

到 1938 年初，父亲正好当了 10 年农民时，家乡有人推荐他当保长，他不愿意介入地方政事，于是跑到衡阳耒河祖父工作处闲住数月，1938 年 8 月又到广西柳州兵工署第四十工厂的机枪厂当学习枪筒制作的学徒，从此由农民变成工人。

1940 年 6 月，父亲随机枪厂合并到第四十一工厂，并迁移到贵州桐梓，升为调直枪筒的技工，又兼习圆车（车床）。枪筒是伤人武器，他受母亲不杀生的佛教思想影响，兼习圆车是为了随时转换工种。由于他既懂车工又懂钳工，会做甲鱼钩，也会修理钟表，可以说是一名能工巧匠。

1942 年 11 月，因在重庆读书的大弟病重，父亲离开第四十一工厂赴重庆照顾，此后在重庆的一些工厂做工。直到抗战胜利后的 1946 年 6 月，才回老家长沙。由于日本侵略，至此

■ 王兴国父亲王容照的奖状

他已经 8 年没有回家了，我也是 9 岁时才见到父亲。

我的母亲是一个文盲，在这 8 年间她带着我随祖父母住在长沙的乡下，一人照顾一个五六口人的家庭。

1947 年 2 月，父亲到长沙的工厂当工人，新中国成立后，便在长沙汽车配件厂工作。1951 年 3 月，因工作成绩卓著，他被评为湖南省首届工业劳动模范。《湖南省劳模代表事迹》第二辑记载了他的模范事迹："王容照，长沙汽车配件厂车工，男，长沙人，36 岁，工龄 12 年，厂龄 4 年，高小程度，立功 2 次，受奖 2 次。模范事迹提要：一、利用废料创制精车活塞弧形的自动模具，使车出的活塞符合标准，减少了以往一再校正修改的麻烦，提高了工作效率 32%，并推动了全组超额完成任务 12.6%。二、仿照马恒昌小组'流水作业法'，改进工作方法，节省工作时间，使他（所在）组超过标准定额 4.35%，他本人则超额 70%，打破全厂个人新纪录。"

此后，他还多次获得"先进生产者"称号。1955 年 4 月，长沙汽车配件厂改为长沙工人技术学校。1957 年 6 月，长沙工人技术学校又改为长沙汽车电器厂。不管单位怎么变,父亲一直在这里工作,并且由工人提升为技术员。1962年,父亲出任长沙汽车电器厂工艺科综合工艺组组长。

我在20世纪50年代初读初中时,正是父亲被评为湖南省首届工业劳动模范的时候,我在学校里被同学戏称为"劳模"。我为此感到高兴,也从父亲的模范事迹中,默默地感受到:要忠于职守,在技术上精益求精。

大学的训示:深研基本理论,掌握基本技能

1956年秋天,我考入中国人民大学哲学系。当时的系主任是何思敬教授,他是国共重庆谈判中共代表团唯一的法律顾问,也是延安"新哲学会"的负责人之一。我是人大哲学系的第一届学生,当时已60岁的老先生经常给我们讲的是,哲学系要培养的是哲学家。

要当哲学家,一方面要深入研究哲学基本理论,只有熟练掌握了基本理论,才能为以后的应用研究奠定牢固基础。另一方面则要掌握从事科研工作的基本技能,这包括语言技能(如古代汉语、现代汉语、外语)、写作技能、资料查找技能等。

哲学系当时没有分专业,大家都学习马克思主义哲学原理。原理教学最初没有教科书,都是老师在课堂上讲授,学生认真记笔记,这样学一遍。后来有了从苏联翻译过来的教科书,又从头学习一遍。1959年后,学校编了原理教科书,再学习一遍。这让我们比较熟练地掌握了马克思主义哲学基本原理。

学校还把学习马列经典原著作为提高学生基本理论水平的重要手段。除了开设经典著作解读的课程之外,学校十分强调要学生自学。所以马克思的《关于费尔巴哈的提纲》,恩格斯的《路德维希·费尔巴哈和德国古典哲学的终结》《自然辩证法》、

列宁的《唯物主义和经验批判主义》《哲学笔记》、毛泽东的《实践论》《矛盾论》《关于正确处理人民内部矛盾的问题》等，是我们要反复读的。

为了提高学生的研究写作水平，学校开设了古汉语课和外语课。我还参加了系里组织的《哲学笔记》注释小组，在这里初步学习了如何做科研。

持之以恒，逐步提高对杨昌济的认识

1961年夏天，我从中国人民大学哲学系毕业后，被分配到湖南省哲学社会科学研究所（湖南省社会科学院前身）哲学组工作。

我在学术上遇到的第一件大事，就是筹备将于1962年召开的纪念王船山逝世270周年学术讨论会。领导指示哲学组的王忠林、杨际平和我合作写一篇论文参加这次讨论会。于是我们便埋头阅读太平洋本《船山遗书》，并做资料卡片。经过将近一年的努力，写了一篇论文《试探王夫之的发展观》，这是我第一次真正做科研工作。

这次讨论会是在1962年11月召开的，会前我和哲学组组长曹忠琨到山东去接专家，会议期间我当小组讨论记录员，会后又负责记录整理专家讲课录音，这样一直忙忙碌碌到1963年年中。而到了这一年的下半年，社会主义教育运动开始了，我成为一名社教工作队员，在农村干了整整三年才回到单位。

1969年10月，我被调到中共湖南省委写作小组工作。这个小组的主要任务是为中央报刊写文章，特别是为《红旗》杂志写作。在小组工作的8年，我最大的收获是学会了写文章。

1977年，我又调回湖南省哲学社会科学研究所哲学组工作。1978年中国改革开放开始，我开始研究毛泽东早期哲学思想，并且与人合作写了一本《毛泽东早期哲学思想研究》。

在研究毛泽东早期思想的过程中，我深深地感觉到，青年毛泽东受杨昌济的影响太深了。于是从 1979 年起，我就开始搜集杨昌济的资料。当时杨昌济的儿子杨开智先生还健在，他为我提供了一些关于杨昌济的情况和资料。

1981 年，我出版了《杨昌济的生平及思想》。这本书初步梳理了杨昌济的生平事迹，分析了他的哲学、伦理、教育思想，并且着重分析了他对新民学会一些基本会员的深刻影响，明确指出他是"新民学会的精神导师"。这一论断现在已经成为学术界共识。

1983 年，我编辑的《杨昌济文集》由湖南教育出版社出版。此书 29 万字，将我当时收集的杨昌济本人著作全部结集出版。我对杨昌济的研究至此暂告一段落，但在之后的工作中仍继续收集有关杨昌济的著作和资料。

进入 21 世纪，湖南省委、省政府组织出版《湖湘文库》丛书，约我编辑《杨昌济集》，于是我将当时收集到的有关杨昌济本人的著作，加上日记，编成第一册；将其翻译的论文和著作，以及有关他的生平传记资料编成第二册；两本书合计 95.7 万字，由湖南教育出版社 2008 年出版。

2014 年，湖南省社会科学院原院长、党组书记朱有志博士在长沙县开慧村任第一书记时，为了提高杨开慧纪念馆的开放水平，主编了一套《板仓杨》丛书，他约我写《板仓杨·杨昌济》一书，这本书篇幅不大，且要求通俗易懂。我在写作过程中，将《杨昌济的生平及思想》一书出版 30 多年后所获得的一些新资料、新观点和新认识，都简要地写进去了。

2016 年，湖南省文史研究馆《湘学研究》丛书编委会又约我编写《杨昌济辑》一书，我便以《杨昌济集》第一册为基础，加上一两篇新发现的杨氏文章，将其按哲学、伦理学、教育学、心理学、诗文五类编排，由民主与建设出版社出版。

2021年是杨昌济150周年诞辰，我先后参加了三次纪念活动，很受启发，这促使我重新思考关于杨昌济的评价问题。我认为，"新民学会的精神导师"这个定位并没有错，但是如果将杨昌济仅仅当作一位普通老师，则是不够的。要认识到，杨昌济不是一般的教书匠，而是一位卓越的思想家、一位与时俱进的思想家。

对于这一点，我们只要认真研究一下新文化运动开始之前湖南的思想舆论环境和杨昌济的主要思想观点，就可以看得十分清楚。

1914年初，湖南第一师范学院的教员黎锦熙、杨昌济、徐特立等人在长沙创办宏文图书社，主要任务是编辑"共和国中小学各科教科书"和"翻译东西著述"。同年10月该社创办《公言》杂志（早于《新青年》创刊将近一年），声言"选译东西洋报章杂志"，包括"欧美日本最近之种种思潮"，以求实现"刷新社会"这一"救亡至计"。

杨昌济是宏文图书社的核心人物。他写的《劝学篇》发表在《公言》杂志第一卷第一期，而且是第一篇。只要我们认真研究一下就可以发现，这篇文章实际是《公言》杂志的创刊宣言，是一篇罕见的文章。它集中论述了杨昌济的新文化观，不仅预见了新文化运动的必然出现，而且系统地、科学地指出了新文化运动应该遵循的一系列基本原则和方法。

他提出的有关新文化运动的原则和方法，是全面的、深刻的和系统的。因此，我们有充分的理由说，杨昌济不愧为新文化运动的理论家。可惜他的这篇文章发表在长沙，当时没有在全国产生影响，但他用这些思想培养出了以毛泽东、蔡和森为代表的新民学会的一大批英才，并且以他们为中介，对后世的中国产生了巨大而深远的影响。

正是基于这样一种认识，我觉得写一本《杨昌济评传》，进一步揭示杨昌济先进学术思想形成的原因和过程，揭示他的政治思想和学术思想，揭示他对近代中国学术的重要贡献，是完全有必要的。我确定这一写作任务时，已经85岁，但为了达成这一心愿，还是打起精神努力工作。经过一年多的努力，我终于写出一本33万多字的评传。此书的前言为《重新认识杨昌济》，这里讲的"重新"的主体是我自己，是说过去我对杨昌济是"新民学会的精神导师"的认识还不够，他实际上是一位卓越的学者，一位思想家。在前言中，我从9个方面论证了杨昌济是新文化运动的理论家，论证他培养出以毛泽东、蔡和森为代表的一大批新民学会英才绝不是偶然的。

把握节点，认真探讨船山学的新进展

从1980年开始，为了筹备1982年召开的纪念王船山逝世290周年学术讨论会，湖南省学术界酝酿重建船山学社。由于我当时在湖南省社会科学院工作，要完成这些任务，便当仁不让。

船山学社是1982年5月8日恢复成立的，最初吴立民当社长，我和陈远宁等人当副社长。他们的年龄都比我大，所以学社的许多重大学术活动，都是由我来负责具体的组织工作。1984年《船山学报》复刊后，我又出任主编；之后改名《船山学刊》，我担任了多年的副主编、执行编委等，在将近30年的时间里负责对刊物稿件进行筛选或审定。正是由于我所处的这种岗位，对船山学的宏观发展情况比较了解，我便利用这个优势，在船山学发展过程中的一些时间节点，写过一些关于船山学发展的论文，记录了船山学发展过程。

2002年，在纪念王船山逝世310周年学术讨论会之前，我写了一篇《船山学研究四十年之回顾》（此文曾被《新华文摘》

全文转载)。这里讲的40年,是指自1962年召开的纪念王船山逝世270周年学术研讨会以来的40年。文章首先回顾了在这40年间,中国大陆先后召开了三次大型的王船山学术研讨会,台湾在辅仁大学召开了一次王船山学术讨论会。其次指出,40年来,船山研究最主要的成就,就是船山学已经初步成为一门新兴的学科,这具体表现在重建了船山学社,恢复了《船山学报》,编辑和整理出版了《船山全书》,还出版了一大批研究船山生平和思想的专著,对有关船山思想的一些学术问题进行了比较深入的讨论。最后指出:40年来之船山研究,经历了一个从宏观研究到微观研究,再到宏观研究的圆圈式发展过程。

当年参加1962年讨论会的,除了一些老专家对船山学术接触较早之外,大部分中青年学者都是刚开始入门,好像是站在高山之上看城郭,只能对船山思想作一些鸟瞰式的观察,从宏观上作一些定性的分析。所以当时的一些论文都以"初探""试探"作为标题。1982年和1992年的讨论会,学者们开始深入

■1982年纪念王船山逝世290周年学术研讨会,与会专家在湘西草堂前合影。后排左一:王兴国

■ 1992年衡阳召开纪念王船山逝世三百周年学术讨论会期间学者合影,左起燕国祯、萧萐父、王兴国

■ 1995年10月17日,《船山学刊》召开创刊80周年座谈会

到船山思想的各个具体领域或各种具体范畴进行比较细致的探讨，因此产生了一批微观分析的论著。而从2002年纪念王船山逝世310周年学术研讨会的学术准备工作来看，则又出现了向宏观研究发展的趋势。这主要表现在对船山思想的主要方面进行总结性的研究，注意从宏观上把握船山各个方面思想的内在联系，从历史的宏观发展视角探讨王夫之的某一学术领域的独特贡献，从更加宏观的视野探讨过去船山研究中的一些有争论的问题，将船山研究放在社会主义现代化建设的大背景中进行宏观探讨等。

2014年是船山学社创立100周年，我写了一篇《船山学社百岁生日颂》。文章第一部分指出，船山学社的前身，是郭嵩焘于1881年创办的思贤讲舍。这时船山学的发展有一个突出特点，就是为王夫之争取在中国学术史上的地位：在同时代思想家中的地位、在宋明理学中的地位、在儒家道统中的地位。第二部分指出，从1914年学社成立至1951年6月停止活动的37年间，学社活动的一个突出特点，就是政治色彩十分浓厚：学社创始人的政治担当意识特别鲜明，学社的主要领导人曾积极支持毛泽东等人办湖南自修大学，在20世纪30年代的湖南读经运动中学社发挥了骨干作用。第三部分指出，1982年船山学社正式恢复后，学社工作的突出特点，就是学术性大大增强，把对船山思想的研究推进到一个全面、科学、系统的阶段。所谓"全面"，指对船山开展全方位的研究；所谓"科学"，指在船山研究中更加注重方法论问题，特别是实事求是；所谓"系统"，指把船山研究当作一个系统工程，具体来讲，就是构建一个新的学科——船山学。

2015年是《船山学刊》创刊100周年，我写了一篇《船山学刊百岁生日颂》。文章指出，民国时期《船山学报》的特点是：具体而生动地介绍船山生平及与船山有关的史迹文物，以通俗的方式传播船山著作，专论船山某一方面思想的论文很少。改革开放后复刊的《船山学报》特点：全面搜集船山佚文和船山著作的各种版本，配合编好《船山全书》；多学科协同攻关，全面研究船山思想；对船山研究中的一些不同意见组织争鸣；比较全面地反映了国内外船山学研究的历史和现状。《船山学刊》则以"深入拓展船山研究"为特点：对船山思想学说本身的研究有深入拓展，对船山思想的研究领域方面有深入拓展，对船山在中国文化史和湖湘文化的历史地位以及与宋明理学关系的研究有深入拓展，对船山受西学影响及与西方学者思想比较的研究有深入拓展。

2019年王船山诞辰400周年时，我写了一篇《改革开放以来船山学的进展》。由于笔者对船山学社的恢复、《船山学刊》的复刊和《船山全书》的出版早有专文进行分析，所以此文只讲了四个问题：一、船山著作注释粗具规模；二、船山学的研究全面深入；三、船山伟大爱国者地位牢固确立——中国近现代的精神领袖；四、对船山在中国思想史地位的认识逐步趋同。

2020年是郭嵩焘开创公祭王船山150周年，我写了一篇《共识、超越与不及——郭嵩焘开创公祭船山150周年回顾》。文章将郭嵩焘对王船山的评价和当代船山学的进展进行比较，得出三点结论：一个共识，一个超越，一个不及。一个共识，即郭氏在《船山先生祠安位告文》说周敦颐和王船山"揽道学之始终"，一个是道学的开山祖，一个是其终结者，这一认识与现代学术界完全一致。一个超越，即郭嵩焘只从道德意义上表彰王船山的"立身大节"，而1983年7月2日中共中央宣传部和中共中央书记处研究室联合发布《关于加强爱国主义宣传教育的意见》，将王船山列为中国历史上的爱国主义者之一。这是一大超越。一个不及，即郭嵩焘是以研究儒家原始经典为依据衡量船山学术成就的，比较客观。而自从20世纪三四十年代以来，学术界往往从意识形态出发，把王船山对待宋明理学的态度作为衡量其学术成就或地位的标准之一，因此争论始终不休。

在《改革开放以来船山学的进展》一文中，我虽然指出"对船山在中国思想史地位的认识逐步趋同"，但是对这种趋同的具体情况把握不准。2022年，我通过对大量资料的分析，写了一篇《走着一条否定之否定的道路——关于船山学术身份定性研究的历史回顾》的文章，对这个问题有了比较清楚的认识。

所谓船山学术身份的定性，就是把船山认定为一个什么样的学者，具体来说，是"理学家"还是"早期启蒙思想家"。在船山学研究的历史上，对这个问题的认识，经历了一个正、反、合的否定之否定的发展过程，即理学家（正）——早期启蒙思想家（反）——两种观点趋同（合）的否定之否定的历史过程。自从王船山逝世之后，学界认为船山是一个理学家的观点始终未绝。

进入20世纪20年代，船山学术身份定性研究中出现了一种新观点，即"早期启蒙思想家"说，此说作为对立面（反），与"理学家"说（正）对立了将近一百年。

进入20世纪90年代以来，"早期启蒙说"与"宋明理学说"出现了一种合流的趋势，即从"正"与"反"的对立开始走向"合"（否定之否定）。

首先必须指出，趋同的出现与海内外学术发展的大势分不开。田云刚在《早期启蒙说的当代使命》一文中说："20世纪90年代以来，早期启蒙说阵营内的式微论、逝去论、错误论，阵营外的启蒙外来说、文化保守主义和后现代主义，都对早期启蒙说形成冲击。"

"式微说"的提出者是萧萐父的学生李维武。他认为，早期启蒙说过分地强调了明清之际早期启蒙思潮对于中国现代化进程内在源头的意义，强调必须以早期启蒙思潮为结合点来接引西方近现代文化，而没有看到除了早期启蒙思潮之外，在中国传统文化及思想中还有其他内容也会对中国现代化起接引、促进作用，也能成为接纳西方近现代文化的结合点。例如，儒家民本思想，就成为李大钊接受马克思主义的接合点之一。

田云刚指出，李维武所谓的文化保守主义和后现代主义对启蒙的消解与冲击，应当包括由杜维明与黄万盛等发起的"启蒙的反思"。"启蒙的反思"是杜维明在20世纪90年代的主要论域之一。杜维明在充分肯定并高度评价启蒙精神所开辟的人类利益领域和价值观念的同时，指出这种精神所固有的人类中心主义倾向必然导致的弊害以及这种弊害在现代科技条件下加速扩大的趋势。杜维明的《超越启蒙心态》比较全面地展示了对治或超越"启蒙心态"的各种资源及其方法。

2005年江苏教育出版社出版了《启蒙的反思》一书，其中第一篇文章即为《启蒙的反思——杜维明、黄万盛对话录》。对话的中心思想是：从五四运动以来，整个中华民族的精神方向也被启蒙心态笼罩着。现在，已经有越来越多的人开始意识到启蒙的缺失和它所造成的不良后果。

2007年，黄万盛在《开放时代》发表《启蒙的反思和儒学的复兴——二十世纪中国反传统运动的再认识》。文章认为，中国新文化运动时期的启蒙与其说是"全盘西化"，还不如说是"全盘日本化的西化"。中国虽曾有"全盘西化"的愿望，但事实上没有被真正地"西化"过，传统还在，儒家文化也依然存在，当代的文化转型中儒学的复兴才因此具有真实的基础而成其为问题。文章明确呼吁化解启蒙—儒家的二元论："儒学的复兴取决于它能否成功地把启蒙思潮转化成儒学的内在组成部分，而启蒙的未来则在于通过儒学的复兴而实现文化和社会的转型。化解启蒙—儒家的二元论或许是二十一世纪中国最大的文化工程。"

黄万盛的这一呼吁，在学术界很快得到回应。一方面，是早期启蒙派学者的肯定回应。萧萐父先生的高足郭齐勇在《哲学评论》2009年第7辑发表《萧萐父先生的精神遗产——兼论萧先生启蒙论说的双重含义》指出：有的同志认为，今天思想界有关"启蒙反思"的论说与萧先生的"明清启蒙思潮"的论说是针锋相对的。我的理解恰恰相反，我认为两者恰好具有一致性。在一定意义上，萧先生的启蒙观或启蒙论说包含了"启蒙反思"的意蕴。萧先生并未照抄照搬西方启蒙时代的理论，也没有照抄照搬"启蒙反思"的理论……实际上萧先生强调的"启蒙"内涵十分丰富，不是近代西方的"启蒙"所能包括的。而张志强、白坤在《梁启超、侯外庐、萧萐父"启蒙"论说异同比较》一文中，更是直接将萧萐父的启蒙论说表述为"启蒙与启蒙反思：萧萐父'启蒙'论说的'变奏'"。这些说法应该说是化解启蒙——儒家的二元论的一种努力。

另一方面，是儒家派的回应。清华大学教授陈来2020年8月21日在北大博雅讲坛发表演讲《我所理解的宋明理学》。他在谈到"宋明理学在历史上如何定位"时说："以前我们是把宋明理学看作是封建社会走下坡路，封建后期没落的意识形态；但实际上，宋明理学恰恰是摆脱了中世纪精神的亚近代的文化表现，是配合、适应了中国社会变迁的近世化所产生的文化转向的一个部分。所以我们应该在新的概念范畴下，对宋明理学有一种更积极的、肯定的理解和评价。"这些话体现了黄万盛所说的"把启蒙思潮转化成儒学的内在组成部分"的一种努力。上述情况表明，"早期启蒙说"与"理学家说"的趋同是客观存在的。

尊重异议，不断深化对湖湘文化特征的认识

湖湘文化研究是 20 世纪 80 年代开始的，但当时只有一些零零散散的文章，缺乏对湖湘文化整体的研究。

有感于此，1990 年 10 月我在岳阳参加湖南省孔子学术讨论会期间，向时任湖南人民广播电台理论部主任钟镇藩建议，组织一个关于湖湘文化的系列讲座，在现有的研究基础上拓展领域，全面系统通俗地介绍湖湘文化，以帮助人们比较全面地了解湖湘文化。

这个建议得到了钟镇藩先生的充分肯定，也得到与会诸多先生的支持。于是，在会议期间，我就初步拟定了几十个题目，并得到陈谷嘉、游唤民、吕锡琛等人的补充。会后，我起草了关于这个选题的各子题的写作要点及写作要求，定名为《湖湘文化纵横谈》。这个讲座的作者有 20 余人，1991 年他们陆续完成文稿，我对文稿进行了修改补充。

钟镇藩信守诺言，讲座内容于当年年底在湖南人民广播电台理论节目中陆续播出，听众反映很好。为了使这一成果得到更深广的影响，许多同志建议编辑成书，以广流传。1996 年，《湖湘文化纵横谈》在湖南大学出版社的支持下得以出版。

这本书是最早的一本全面系统介绍湖湘文化的书。全书共 51 讲，分湖湘文化总论、湖湘文化的主要特征、佛道与湖湘文化、书院与湖湘文化、人才与湖湘文化、文学与湖湘文化、丰富多彩的湖湘文化、尾声等 8 个部分。此书出版后颇受好评，曾获评湖南省精神文明建设"五个一工程"奖。

此书在论述湖湘文化的特征时讲了三条：优秀的爱国主义传统、经世致用的学风、兼收并蓄的博大精神。

出版之后，学界对于这些特征有不同看法，郑大华教授在《光明日报》2004 年 3 月 9 日发表《如何深化近代湖湘文化研究》

提出:"已有的研究成果几乎无一例外地把经世致用和爱国主义作为近代湖湘文化的主要特征,这就值得商榷。因为所谓特征,是唯我独有、别人所无的东西。如果人人都有,又怎能称为特征呢?"

我在《湖南大学学报(社会科学版)》2004年第6期上发表《略论近代湖湘文化的经世致用特点》,明确表示对郑教授的观点"有不同的看法"。此后,我发表了多篇论述近代湖湘文化经世致用特征的文章,从多方面深化对这个特征的认识。

我觉得,市场竞争中一个口诀可以用于对湖湘文化特征的讨论:"人无我有,人有我多,人多我好。"

"人无我有"固然是特征,"人有我多"和"人多我好"又何尝不是特征?

爱国主义和经世致用就是属于"我多""我好"的范畴,它们具有丰富的内涵,只要善于发掘和表述,同样可以说明湖湘文化的特征。

2024年1月30日,红网以《王兴国:为什么说湖湘文化是"人有我多""人多我好"》为题报道了我的观点。

现在,我从以下四个方面分析近代湖湘文化经世致用特征的"多"和"好":

一是《皇朝经世文编》在近代中国的巨大影响。《皇朝经世文编》由时任江苏布政使贺长龄策划并出资刊印,由魏源选辑编纂并代叙。此叙不仅论述了经世致用的重要性,而且指出了如何经世致用。这本书自道光七年(1827)印行之后,立即受到广泛欢迎,重刻重印者不断。据统计,至光绪二十四年(1898)的71年里先后刊行了13种。值得注意的是,这本书还有日本出版的选辑本《经世文编抄》。其编抄原则,就是要"切我邦",即要符合日本的国情。所以《皇朝经世文编》不仅影响了近代中国,而且影响到近代日本。在中国近代,不仅《皇朝经世文编》

有多种刊本出现，而且蹿其体例，各种续编本也层出不穷。据不完全统计，自咸丰元年（1851）至民国三年（1914）的63年里，达20多种。其篇幅都很大，少的有21卷，多的达130卷。以上情况充分说明，《皇朝经世文编》的编辑和刊刻，在近代中国的确产生了极为巨大和深远的影响。

二是道光年间在朝廷形成了一个以唐鉴为首的理学经世派。唐鉴是湖南善化（今长沙）人。清嘉庆十四年（1809）进士。他早年在北京为官，之后一直外放为官，道光二十年（1840）四月又入都供职。道光二十三年（1843）开始撰著《国朝学案小识》十五卷，全力扶持程朱理学。曾国藩说"唐镜海先生德望为京城第一"。在他身边聚集着一批热心理学的士大夫：乌齐格里·倭仁、曾国藩、吴廷栋、窦垿、何桂珍、吕贤基、邵懿辰、陈源兖等，他们皆从唐鉴考问学业。通过与唐鉴的问学切磋，乌齐格里·倭仁成为晚清著名的理学家和权臣，清王朝的最高理论权威。唐鉴的指导，不仅大大提高了曾国藩在全国理学思想界的地位，而且有效地提高了湖南在全国的学术地位。还必须看到，以曾国藩为首的湘军集团，其骨干成员实际上也是一群理学家。朱东安统计，湘军集团骨干成员约475人，有生员以上功名者208人。"他们在思想上尊崇程朱理学、注重经世致用"，后人把这派人物称为"理学经世派"，可以说湘军战胜太平天国实际上是理学经世派的胜利。

三是"殊途同归，经世致用"。"殊途同归，经世致用"，是我主编和执笔的《湖湘文化通史》丛书第四卷《近代卷（上）》（2015年出版）中第一章关于经世致用特征的标题。近代湖南许多学派的学者都重视经世致用。首先是汉学经世派。本来汉学家是不注重经世致用的，例如近代著名汉学家章太炎在《訄书》中质问魏源的经世致用是"为何主用"。但湖南一些钻研汉学的学者却能继承湖湘学派经世致用的优良传统。岳麓

王兴国在湖南省社科院"德雅学术论坛"作学术报告

书院的山长李文炤说:"学问思辨,必以力行为归";王文清要求生徒"通晓时务物理"。其次,是理学经世派。其代表人物曾国藩不仅是陶澍倡导的经世致用学风的积极践行者,而且还在桐城派提出"义理、考据、辞章"的基础上,加上"经济",从而使之明确地成为理学经世派的学术纲领。再次是今文经学经世派。魏源明确提出要"以经术为治术";皮锡瑞主张"本汉人治经之法,求汉人致用之方";王闿运尝言"治经致用,莫切《春秋》"。最后是霸王经世之略,也就是浙东学派陈亮的事功之学,谭嗣同和唐才常十分推崇。

正是由于上述各派治学趋向的相同或相似,所以汇合成了近代湖湘文化经世致用思想的洪流。

四是"湖南学风"。"湖南学风"的提出是对近代湘人经世学风的高度赞誉。江苏籍著名学者钱基博在20世纪40年代避兵湖南期间作《近百年湖南学风》。他所谓的"学风",就是经世致用的务实精神。钱基博在此书的"余论"中说明了其写作宗旨:"余著《近百年湖南学风》,而表以十七人……时限以百年,而上下五千年之演变,缩映于此百年之内;人限于湖南,而纵横九万里之纷纭，导演于若而人之手。其人为天下士，为事亦天下事。倘读吾书而通其意，斯为政不厉民以自养，而论事不生心以害政。张皇湖南，而不为湖南，为天下；诵说先贤，而不为先贤，为今人。"

对于近代湖湘爱国主义的特征，我主要从两个方面论其"好"：

一是"推崇屈贾，忧国忧民"。这是我主编和执笔的《湖湘文化通史》第四卷（《近代卷（上）》中第一章关于爱国主义的标题。屈原和贾谊虽然不是湖南人，但是他们都是由于在朝廷受排挤而被贬斥到湖南的。到了近代，随着内忧外患的不断加深，人们对屈原和贾谊遭遇更加同情，并且以能继承和发扬其忧国忧民高尚品德而自豪。曾国藩说过，湖南是"屈原、贾谊伤心之地也"。而郭嵩焘在创立思贤讲舍时确定，每年在屈原、周敦颐、王夫之、曾国藩生日之时，举行祭祀和讲学。这样，就确立了湖湘文化的纵向历史坐标。

近代湘人不仅自觉地从思想上继承屈原和贾谊的爱国主义精神，而且还有一些革命志士，为了唤起国人的觉醒，像屈原一样，不惜牺牲自己宝贵的生命，投水自尽。这样的事例，从1905年至1924年就先后有6位。第一位是陈天华，1905年冬为了抗议日本文部省《关于准许清国人入学之公私立学校之规程》（俗称"取缔规则"），于12月8日愤而投东京大森海湾自杀。第二位是姚洪业，参与抗议日本文部省"取缔规则"愤而归国，于1906年3月27日投黄浦江而死。第三位是杨毓麟，在英国爱伯汀大学留学，1911年闻黄花岗起义失败，忧党人之牺牲，投利物浦大西洋海湾殉国。第四位是彭超，1915年愤日本"二十一条"，5月24日傍晚抱石自沉于湘江。第五位是易白沙，为了抗议北洋军阀专权，于1921年农历五月初五在广东江门蹈海自杀。第六位是夏思痛，1924年对时局痛愤不已，于六月二十三日农历端午节在汉阳鹦鹉洲蹈长江自尽。这六位烈士的蹈水自尽,集中地体现了湖南人以屈原为榜样的爱国精神和刚烈气质。

二是王船山民族主义思想对近代湖湘爱国主义的深刻影响。

首先,将夷夏之辨提高到古今之通义高度。王船山有一个"三义"说:"有一人之正义,有一时之大义,有古今之通义。""不以一时之君臣,废古今夷夏之通义。"所谓"一人之正义",即对某个地方军阀割据势力效忠;所谓"一时之大义",指对一朝一代的君主效忠;所谓"古今之通义"指对整个汉民族效忠。夷夏的概念是相对的,其内涵和外延会随着时代的变化而变化。例如,在一段时间内,一个国家内部的夷夏矛盾是主要的,但过了一段时间之后,随着国内民族矛盾的缓和或解决,国际上的夷夏矛盾又可能转化为主要矛盾。王船山的民族主义中的反清内容,在辛亥革命过程中曾发挥巨大的作用。在辛亥革命成功之后,国内各民族团结一家,但国外的"夷狄",即帝国主义侵略的危险仍然存在。所以杨昌济指出:"今者五族一家,船山所谓狭义之民族主义不复如前日之重要;然所谓外来民族如英法俄德美日者,其压迫之甚非仅如汉族前日之所经验,故吾辈不得以五族一家,遂无须乎民族主义也。"这样,杨昌济便将王船山的传统民族主义转变成现代爱国主义。只要人类社会还是按照地域划分为国家,人们在进行各种社会活动时,总会遇到"三义"的问题。因此,王船山的"三义"说具有超越时代的普遍价值。

其次,《黄书》奠定了中华民族尊黄思想的理论基础。《黄书》是王船山的一本重要的政治著作,它名字的由来,既包含有称颂黄帝轩辕氏事功的意思,又包括称颂其具有"黄中"美德的意思。由于《黄书》突出地强调黄帝"树屏中区,闲摈殊类",所以在清代末年民族主义思想兴起之后,辛亥志士便将《黄书》视为民族民主革命的旗帜,并掀起了一股尊黄的高潮。这个思潮的特点是:(一)尊黄帝为始祖;(二)以黄帝为国魂;(三)使用黄帝纪年;(四)鲜明的汉民族主义和排满的倾向。辛亥革命胜利以后,人们清除了尊黄思潮中汉民族主义和排满倾向,将黄帝与炎帝推崇为整个中华民族的始祖,将中华大地上的各民族都视为炎黄子孙。直至今日,"炎黄子孙"仍是联系海峡两岸人民和广大海外侨胞民族感情的强有力的精神纽带。

1997年我退休时,曾给自己往后的行动提出一个方针:"要甘于寂寞。"为此要做到"三不":不申报任何科研基金课题,不计较刊物等级发文章,不参加任何科研成果评奖。退休后的20多年实践证明,这一方针使我避免了世俗的许多名利缠绕,能够安安心心地做文章,将科研作为自己的生活习惯和义务,也是一种自得其乐的方式。

名家问学

甘于寂寞作文章。

主要学术成就

独　著

《杨昌济评传》，湖南人民出版社，2024 年
《近现代湖南佛教著名居士传》，宗教文化出版社，2023 年
《王船山与近现代中国》，岳麓书社，2019 年
《湖湘文化通史·近代卷（上）》，岳麓书社，2015 年
《郭嵩焘评传》，南京大学出版社，2011 年
《毛泽东与佛教》，中共党史出版社，2009 年
《郭嵩焘研究著作述要》，湖南大学出版社，2009 年
《台湾佛教著名居士传》，台中太平慈光寺，2007 年
《实事求是论——马克思主义"实事求是"命题与中国传统文化》，湖南人民出版社，1998 年
《贾谊评传》，南京大学出版社，1992 年
《杨昌济的生平及思想》，湖南人民出版社，1981 年

合　著

《板仓杨·杨昌济》，湖南人民出版社，2014 年
《湖湘文化大观》，岳麓书社，2003 年
《湖湘文化纵横谈》，湖南大学出版社，1996 年
《当代中国的马克思主义》，湖南人民出版社，1994 年
《青年毛泽东的思想轨迹》，湖南人民出版社，1993 年
《王船山认识论范畴研究》，湖南人民出版社，1982 年
《毛泽东早期哲学思想研究》，湖南人民出版社，1980 年

李 松 龄

　　李松龄，1948年生，湖南安仁人，湖南大学经济与贸易学院教授、博士生导师，享受国务院政府特殊津贴专家。曾任湖南财经学院经济研究所所长、湖南大学经济研究中心主任、湖南省人民政府参事、湖南省外国经济学会理事长。

　　长期从事"价值理论和经济制度"方向的研究，坚持和发展马克思主义经济学，解释和解决社会主义市场经济建设中出现的新问题、新矛盾。已出版《劳动价值论：市场经济运行的理论基石》《价值理论与经济制度》等专著。多部著作获得湖南省社会科学优秀成果三等奖。曾在《财政研究》等知名刊物发表百余篇文章。

李松龄先生"学术足迹"示意图

长沙·湖南大学财院校区
（原湖南财经学院）

长沙·湖南大学

长沙·中南大学（铁道校区）

郴州·安仁县第一中学

郴州市

学术人生　贵在坚持

人生波折

高中是人生中富于幻想和树立理想目标的阶段。农民的孩子为了摆脱贫困,更要有一番担当。

1963年秋季,进入湖南省安仁县第一中学,我心里暗暗下定决心,一定要学好各门功课,考上一个好大学,既为学好科学技术,尽忠报国;也为搏个好前程,为家庭分忧。

如果说小学和初中仅凭好记性就能学好各门功课的话,那么到了高中,除了有个好记性,还需要善于思考,才有可能让各门功课走在前头。善于思考,就是善于提出问题,善于运用科学的认识论和方法论分析和解决问题。

高中阶段,知识储备不足,创新认识论和方法论的难度很大,我在如饥似渴的学习过程中,遇到的问题却越来越多,认识问题和解决问题的难度也越来越大。

物理学的定律和公式,为什么是这样而不是那样,不仅需要通过物理实验来验证,更需要高深的抽象理论作出解释。但高中的简单物理实验和粗浅的理论知识难以认识和回答学习中遇到的各种问题。只有进入大学的相关专业学习,才有可能提高认识和解决问题的能力。

强烈的求知欲和认识欲，是我更加努力学习的动力；争取考上名牌大学，提高认识和解决问题的能力成为我的奋斗目标。就在我鼓足劲头、准备应试的1966年夏天，距离高考仅有50多天时，"文化大革命"爆发，教育部宣布高考延期，一拖就是12年。

一个农民的孩子，从小学到高中，历练了12个春夏秋冬，磨破多少支笔尖，为的是考上大学、提高能力，摆脱家庭贫困落后的面貌。突然间，美好的梦想破灭了，那种失落感一般人是体会不到的。

即便如此，上大学的梦想依然坚定，在回乡劳动的日子里，我总在盼望有一天能够走进大学校园。

梦终归是梦，多少次推荐上大学的机会，我都因为社会关系被排斥在外，无缘进入大学校门。1973年好不容易参加高考，尽管我考出全县最好成绩，却因为张铁生事件而榜上无名。

人如果有梦想，还能为梦想而奋斗，劳动的日子虽苦，精神面貌仍然朝气蓬勃；人的梦想破灭了，没有了奋斗目标，也就终日无所事事、精神不振，甚至出现幻觉。母亲的话警醒了我："留得青山在，不怕没柴烧。"梦想不能实现，日子还得过下去；不能上大学，还可以自学成才。

于是，我委托在长沙上大学的朋友，在湖南中医学院（今湖南中医药大学）购买中医学教材，白天参加劳动，晚上自学中医。

学习中医，不需要高深的数理化知识，有一定的文化基础就有可能学会，学好了还能替人看病，服务乡亲，精神上有个寄托。皇天不负苦心人，我竟然初开处方就治好了弟媳妇长年不愈的头疼病。

然而，我没有学历，拿不到行医执照，没有机会把学到的中

三代人合影，后排左一：李松龄

医知识作为谋生手段。自学梦替代大学梦，同样难以展现自身的能力。

到了 1975 年，年至 27 岁，学业无成、事业无成，却成了农村还没谈婚论嫁的大龄青年。

母亲着急我的婚事，四处托人介绍对象，我也就有了几十年不离不弃的爱人。

次年，也就是 1976 年，"四人帮"被粉碎，儿子出生。曙光在前，喜事来临。我给儿子取名李卫华，意在保卫中华，继往开来。同年，做炊事员的父亲退休，迫于生计，我顶替父亲炊事员的职务，离上大学的梦想越来越远。

上学时吃食堂，回乡劳动时靠母亲伺候饭菜，想不到衣来伸手、饭来张口的我,今后得为他人的饮食服务。

填满一肚子书的我,却干了简单劳动的火头军。

我读高中时的校长侯榆生刚担任一所边远山区的中学校长,得知我在一所中学任炊事员,便向县教育局反映,一个读书人,不能埋没他的能力。于是,我调到他任职的学校,由一个炊事员转为学校农场的管理员。

1978年,我的人生发生重大转折。

侯校长不仅鼓励我参加高考,还让我指导参加高考学生的数学和物理。湖南省文史研究馆原馆长李文才,既是我指导过的学生,又与我在同一个教室参加高考,成为当时师生同上大学的一段佳话。

1978年高考,我的物理试卷仅因为点错了一个小数点,扣了两分(得分98分),化学也得了96分,总分进入郴州地区的前三名。出于谨慎,我既不敢报考北大、清华,也不敢报考武大、中山,选择了湖南大学的物理系和无线电专业,作为学习上的奋斗目标。

满以为能够进入高中我就憧憬的物理学专业学习,命运却又一次开了个玩笑。

在郴州招生的湖大老师是一位数学系的教师,加上当时数学系主任是我的老乡,因此他把我录取到数学系而非物理系,我与心仪的物理学专业擦肩而过。

不是我不能学好数学,而是我没把学数学当回事。大学四年,我有三分之一的时间在自学材料力学、流体力学和一些物理学的课程,自认为能够通过自学改变命运。

可是,毕业后我并没有被分配到自己选择的桂林电器研究所,从事物理学相关专业的工作,而是被分配到湖南财经学院(后合并至湖南大学)的数学教研室,从事教学工作。

从事的职业再一次地背离了我高中就立志学习的物理学专

业。大学三分之一的时间白白折腾，我不得不重新定位自己的人生目标。

好在湖南财经学院不是要我去教数学，而是要我从事系统工程学和经济控制论的教学和科研。在一所以经济学相关专业为主的高校教书，作为一位学数学的老师，尽管有从事系统工程学和经济控制论教学科研的优势，但毕竟与学校的经济学主流相去甚远。

要成大器，必须得在经济学上下功夫，漫长的经济学之路需要我去上下求索。

上下求索

1982年9月，刚分配到湖南财经学院的我，被派往长沙铁道学院［今中南大学（铁道校区）］学习经济控制论的系统识别技术。

学完后，我回学校图书馆借来一本投入产出学的专业书

■ 李松龄（左二）与恩师卫兴华教授（左四）合影

籍进行自学。投入产出学不同于理论经济学，它与数学的结合比较紧密，即便如此，也只是应用简单的初等数学。经济部门的投入和产出是已知的数据，投入产出系数需要运用比值法将投入和产出的相关数据进行计算才能确定。系统识别技术的功能和作用则是通过输入和输出的数据，将一个系统的黑箱变成白箱。是否可以运用系统识别技术，把需要计算的投入产出系数作为一个黑箱，将经济部门的投入和产出作为输入和输出数据，通过把黑箱变成白箱来计算投入产出系数呢？

在思索一段时间后，我认为确实可以，我便写出了人生的第一篇学术论文《关于投入产出系数确定法的一点商榷意见》。论文写出来以后，如何找到相应的理论刊物发表，是学术成果能否被认定的关键。

一位大学刚毕业的老师，不了解什么样的理论刊物能够发表，我很自然地想到了《湖南财经学院学报》（后更名为《财经理论与实践》）。由于控制论的系统识别技术是一门新兴学科，校报老师不太了解，找不到相应的老师审稿，只好作出退稿处理。

于是，我到图书馆翻阅杂志，终于选定中国科学技术协会主办的《技术经济》作为投稿刊物。想不到在第二年（1983年）元月，《技术经济》第一期把我的文章作为第一篇发表。

当时的喜悦之情可以用"白日放歌须纵酒，青春作伴好还乡"来形容。

一位刚迈出大学校门的老师（年纪不轻，已经35岁，"老三届"的学生），能够得到社会认可，尤其是知名刊物的肯定，这让我十分欣喜，也坚定了我把学术研究作为人生目标的信心和决心。

科学的春天不拘一格降人才，知名刊物也不把职称作为遴选文章的首选指标，才有可能把我这位名不见经传的老师的文章发表在刊物的首要位置上。这促使我走向经济学的研究道路。

数学转向经济学，不在于数学的功底有多深厚，而在于数学严谨的逻辑思维对学习经济学所能发挥的作用。大家认为我在经济学的研究方面有所造诣，是因为具有数学基础，却不知我在经济学名著的学习上下了大功夫。

学习经济学名著，不是死记硬背其中的概念和理论，而是要提高提出问题、以创新的概念和理论逻辑分析和解决问题的能力。死记硬背其中的概念和理论，只是一种理论传承；提高提出问题、分析问题、解决问题的能力，才能提升自身理论创新的能力。

凯恩斯是一位著名的经济学家，他的著名，在于他面对20世纪30年代的经济大萧条能够提出失业问题；在于他能够提出非自愿性失业概念和运用边际消费倾向递减规律、资本边际效率递减规律和流动性陷阱的经济理论解释非自愿失业现象；在于他根据非自愿性失业的原因提出解决失业问题的赤字财政政策。

凯恩斯提出问题、分析问题、解决问题的理论思路，对我在经济学研究方面的认识论、方法论启发很大。

经济问题源于社会经济活动，时代不同，出现的经济问题既可能不同，也可能相同。马克思所处的资本主义原始积累时期出现失业问题，凯恩斯所处的资本主义经济大萧条时期同样出现失业问题。因为时代不同，造成失业的原因不可能完全相同。要分析和解决失业问题，使用的概念和理论也就不可能完全相同。

通过比较马克思和凯恩斯提出失业问题、分析失业问题和解决失业问题的方法论、认识论，我深深地认识到提出新问题固然重要，但创新分析问题和解决问题的概念和理论（认识论和方法论）似乎更为重要。

一个时代的经济学名著所提出的概念和理论能够解释和解

决那个时代的社会经济问题，但难以解释和解决时代变化所出现的新问题，即便是重复出现的老问题，也因为被赋予了新的形成原因而难以套用既有的概念和理论作出合理的解释。学习和比较经济学名著所悟出来的这些道理，为我的经济学研究奠定了认识论和方法论基础。

我之所以认为学习经济学名著，不能死记硬背其中的概念和理论，而是要提高提出问题、以不同于他人的概念和理论逻辑分析和解决问题的能力，就是这个道理。

学习经济学名著，需要运用对立统一的辩证分析方法。效用价值的概念和理论是西方经济学的核心内容，可以说没有效用价值边际递减的概念和理论，就不可能有现代西方经济学。

马克思主义经济学没有效用价值的概念，但有使用价值的概念。在教学和理论研究上，是将二者完全对立起来，还是运用辩证认识论的方法，探索二者的对立统一关系，是我学习经济学名著需要思考和领悟的又一个问题。

如果将二者对立起来，不是马克思主义经济学否定西方经济学，就是西方经济学否定马克思主义经济学。实际上，效用价值是用来研究人和物的关系的概念，即物满足人的欲望和需求的能力；使用价值也是研究人和物的关系的理论工具，即物的有用性使物成为使用价值。因为马克思把物的使用价值视为客观存在，不可能发生边际变化，人们就认为使用价值是唯物论的概念，效用价值是唯心论的概念，从而把二者对立起来。

马克思关于物的有用性使物成为使用价值的定义中，有用性是使用价值的核心内容。物有用或是无用是相对于人而言的，能够满足人的欲望和需求的物属于有用，不能满足人的欲望和需求的物属于无用。由此，我认识到效用价值和使用价值不是完全对立的关系，而是一种对立统一的关系，效用价值具有边际递减的性质，使用价值也具有边际递减的性质。

理论认识水平的提高与升华,是创作的不竭源泉。20世纪90年代以及21世纪前10年,我几乎都是运用使用价值边际递减及由它推论出来的价值边际递增的概念,解释社会主义市场经济如何发展社会生产力。2006年7月我在《山东大学学报(哲学社会科学版)》发表的《使用价值的理论创新》,2006年9月在《经济评论》发表的《价值理论的动态分析》,以及2006年6月在《湖南商学院学报》发表的《论价值与使用价值的辩证关系》等数十篇论文,都得益于对马克思主义经济学和西方经济学对立统一关系的深化认识。

因为使用价值的概念创新,我深刻认识到劳动价值论能够用来揭示社会主义市场经济运行中出现的许多问题,西方经济学理论能够解释的,马克思主义经济学理论也能解释,而且解释得更好。

在此基础上,我撰写了著作《劳动价值论:市场经济运行的理论基石》,并在中国财政经济出版社出版。这是最早运用劳

▎李松龄(右一)勉励年轻教师

动价值理论书写社会主义市场经济运行机制的著作之一。

由此我悟出的道理是，运用既有的概念和理论认识新问题，只是对问题进行了创新，而不是认识论和方法论的创新；以创新的认识论和方法论去研究同样的社会问题，也能得出不同于以既有概念和理论作分析得出的结论；从古至今，许多问题重复出现，如果只用既有的概念和理论去认识和分析，得出的结论必然是相同的；只有适应时代的需要，用创新的认识论和方法论去认识和分析问题，才有可能得出有效解决问题的结论。

研读经济学名著，不只是从中获取理论知识，更重要的是对其中的概念和理论保持批判的勇气。马克思的理论著作《资本论》，全称《资本论：政治经济学批判》，足见马克思读经济学名著不只是从中吸取知识，更是通过对经济学名著中概念和理论的批判，将古典经济学发展为马克思主义经济学。

时代不断发生变化，得通过对既有经济学概念和理论的批判，构建新的经济学概念和理论，认识和解决新时代的社会经济问题，马克思深知这个道理，我对《资本论》三番五次的学习和研究，悟出的也是这个道理。

亚当·斯密和大卫·李嘉图的经济学概念和理论，揭示和解释的是资本主义发展初期的生产、分配、交换和消费中出现的现象和问题；凯恩斯的经济学概念和理论，揭示和解释的是资本主义发展过程中出现的经济大萧条现象和问题；马克思的经济学概念和理论，揭示和解释的是资本主义社会资本剥削劳动的现象和问题。

一代又一代的经济学家通过对经济学概念和理论的扬弃，不断地发展经济学概念和理论。

对经济学概念和理论的上下求索，坚定了我对经济学研究的目标选择，那就是在坚持马克思主义经济学的基础上，不断发展马克思主义经济学。

明确目标

  对西方经济学和马克思主义经济学的比较研究和上下求索，使我认识到，作为经济理论工作者，必须有一个明确的研究目标。

  30 岁上大学，由数学转向经济学，到 50 岁才想到明确目标，时隔 20 年，从年龄上看可谓晚矣。但是，对于一个学习数学专业，且通过自学进入经济学研究领域的人而言，到了知天命之年才知道明确研究目标，也不算太晚。

  古话说，有志不在年高。讲的就是这个道理。

  另一个促使我明确研究目标的因素，就是社会主义市场经济制度变革中出现的新问题、新矛盾，用西方经济学的概念和理论难以进行能自圆其说的解释，坚持以传统马克思主义经济学的概念和理论进行解释也有捉襟见肘之处。只有在坚持马克思主义经济学的基础上，发展马克思主义经济学，才有可能解释和解决社会主义市场经济变革中出现的新问题、新矛盾。

  理论界称之为"马克思主义理论中国化"，我则认为是"马克思主义经济学概念和理论的创新发展"。

▎李松龄（右一）参与学术研讨

高度集中的社会主义计划经济体制否定资本作用，否定商品生产和商品交换，充满活力的社会主义市场经济体制需要发挥资本作用，需要发展商品生产和商品交换。发挥资本作用、发展商品生产和商品交换能够大幅度提高社会生产力和增加财富生产，同时也会产生资本占有劳动生产的剩余价值现象，导致贫富差距过分拉大的社会问题。

西方经济学按边际生产力进行分配的认识认为贫富差距过分拉大是合理的。坚持社会主义推进全体人民共同富裕的本质特征的认识，则认为贫富差距过分拉大是不合理的。

是以西方经济学的按边际生产力理论作为社会主义市场经济的分配原则，还是以社会主义推进全体人民共同富裕的本质特征作为社会主义市场经济的分配目标，这是经济理论工作者必须作出的选择和回答的问题。

发展社会主义市场经济需要发展马克思主义经济学的概念和理论。所以，必须在坚持马克思主义经济学的基础上，把发展马克思主义经济学明确为研究目标。

贫富差距过分拉大是劳动和资本由市场评价贡献、按贡献决定报酬的机制造成的。市场通过劳动力的供求关系评价劳动的贡献和决定劳动力的价格；而劳动力的价格只是劳动生产的必要价值部分，劳动生产的剩余价值被资本占有，这是贫富差距过分拉大的原因。市场评价劳动与资本的贡献、按贡献决定报酬的机制也是市场化配置生产要素，以提高要素配置效率的内在需要。

所以，不能通过取消市场评价劳动和资本的贡献、按贡献决定劳动和资本报酬的机制，消除过大的贫富差距，通过增加劳动者的财产性收入，才有可能缩小贫富差距。

劳动者出卖劳动力商品，只是获得劳动力价值转化的工资收入，除了维持劳动力的再生产，没有多余的劳动收入可以转换为财产，用来增加财产性收入。只有把与生俱来的劳动力财产转换为劳动力资本，才能获得劳动力资本收入，才有可能缩小贫富差距。

劳动力是商品，不是资本，是传统马克思主义经济学坚守的一个概念，只有发展马克思主义经济学，才有可能转变劳动力只是劳动者的商品、不是劳动者的资本的理论观念。缩小过大的贫富差距、推进全体人民共同富裕，需要发展劳动力资本理论。所以，必须在坚持马克思主义经济学的基础上，把发展马克思主义经济学明确为研究目标。

劳动力在生产过程中能够实现自身的价值和价值增殖，因此劳动力是资本。劳动力的价值和价值增殖能为劳动者占有，劳动力就是劳动者的资本。劳动力的价值和价值增殖能不能为劳动者占有，由生产资料所有制的实现形式决定。

资本主义生产资料私有制形式决定劳动力的价值和价值增殖不为劳动者所有，而是由资本家占有，劳动力不是劳动者的资本，而是资本家的可变资本。社会主义生产资料公有制形式否定劳动力是商品，更不认为劳动力是资本，而是把劳动者视为公有制生产资料的主人。

社会主义市场经济坚持以公有制为主体、多种所有制经济共同发展的基本经济制度，劳动力是商品、是资本所有者的可变资本的问题再现。社会主义的本质特征是消除贫富差距，推进全体人民共同富裕。

社会主义市场经济既需要多种所有制经济共同发挥资本作用，发展生产力，又需要消除贫富差距，推进全体人民共同富裕，也就需要确定劳动力是资本，而且能够成为劳动者的资本，也就要求创新生产资料所有制的实现形式。

只有探索和发展马克思主义经济学的生产资料所有制理论，才有可能使劳动力财产转换为劳动者的资本，而不是资本所有者的可变资本；才有可能缩小贫富差距，推进全体人民共同富裕。所以，必须在坚持马克思主义经济学的基础上，把发展马克思主义经济学明确为研究目标。

理论工作者明确自己的研究目标，不可能一蹴而就，就像人生道路不可能一帆风顺一样，既需要理论知识和实践经验的不断积累，也需要在研究的道路上不断比较和探索，还需要开放思想和理论悟性。

人生没几个20年，我花了20年的时间才确立研究目标，固然有天性愚钝、悟性不高的缘故，也因为所学专业限制，需要长期的积累。如果缺乏对经济学名著的学习与借鉴、对经济学理论的积累和比较、对社会经济问题的认知和探索，我是难以悟出要把研究目标明确为在坚持马克思主义经济学的基础上，发展马克思主义经济学的。

人生道路不能没有目标，研究道路也不能没有目标。人生道路曲曲折折，有了目标，才有前进的方向；研究道路同样曲曲折折，有了目标，才有可能少走弯路。目标确定，贵在坚持。只有坚持不懈，才能沿着既定目标，多出成果，出好成果。

贵在坚持

做人做事贵在坚持，从事理论研究更贵在坚持。坚持就是持之以恒。学习经济学名著持之以恒，才有理论积累；探索理论概念持之以恒，才有可能创新发展；以创新理论概念持之以恒认识和解决问题，才能证明创新理论概念的科学性。

我的一个学生曾经对我说过，理论概念一旦创新，就应该持之以恒地运用它解决社会经济问题，解决的问题越多，它就越科学。

创新的理论概念如果只能用来解决个别问题，而不是更多的问题，它就只是局部正确，而不是普遍正确。学习经济学名著，不只是积累理论知识，更是为了创新理论概念；创新的理论概念只有通过解释问题和解决问题，才能检验它的科学性。

坚持才能不断积累知识，有利于理论概念创新，有利于检验创新理论概念的科学性和普适性。从事理论研究贵在坚持，就是这个道理。我的学生在读研期间就能说出这个道理，可谓"弟子不必不如师，师不必贤于弟子"。

读书必读名著，读名著必须持之以恒。经济学名著并不通俗，需要反复研读，对于一个非经济学专业的学者尤其如此。

只有反复研读，持之以恒，才有可能理解其中的道理，认识其中的不足。理论工作者决不能只求理解其中的道理，而不求认识其中的不足。只有认识其中的不足，才能有破有立，创新发展。这是理论工作者应有的素质，也是理论工作者的责任担当。

初读《资本论》，书中认为使用价值概念是客观存在的商品体，不具有边际递减的性质，我不认为有什么不妥的地方。再读、三读《资本论》，并与效用价值概念相比较，我才慢慢悟出使用价值与效用价值不是完全对立，而是对立统一的。2017年2月，我在《山东社会科学》杂志上发表论文《使用价值理论的辩证认识及其现实意义》，正是得益于对《资本论》中使用价值理论持之以恒的探索和比较。

如果只是初读《资本论》，而不坚持，不可能悟出使用价值也同效用价值一样具有边际递减性质的道理，也就不可能运用使用价值边际递减的性质解释消费资料和生产资料有效配置的问题，更不可能在21世纪前10年撰写大量理论文章，揭示社会主义市场经济运行机制的理论。

超额剩余价值概念与相对剩余价值概念的区别也是在再三

研读《资本论》的基础上领悟到的。

把超额剩余价值加在个别劳动生产的剩余价值之上，认为个别劳动生产的剩余价值增加，是必要劳动时间缩短、剩余劳动时间增加生产的相对剩余价值。初读《资本论》，我认为这种认识有道理，反复研读《资本论》后，我发现这种认识违背马克思关于超额剩余价值的定义。马克思认为超额剩余价值是社会价值高于个别价值的部分，不是个别劳动生产的，而是社会劳动生产的，将超额剩余价值加在个别劳动生产的剩余价值之上，认为是个别劳动生产的相对剩余价值，理由不充分。

深化认识超额剩余价值概念的理论内涵，能为资本有偿占有超额剩余价值转化的超额利润提供理论依据，也就能为社会主义市场经济劳动与资本按贡献参与分配提供理论依据，更为我撰写学术论文提供了理论素材。我于2019年4月在《经济纵横》发表的《超额剩余价值理论的深化认识及其当代意义》，正是我多次研读《资本论》，反复琢磨超额剩余价值概念有感而发撰写出来的论文。

坚持需要胆量和勇气，完善经典理论概念，更是需要胆量和勇气。

劳动力是资本，是劳动者的资本，被资本主义生产资料私有制所否定，也被社会主义生产资料公有制所否定。在社会主义市场经济条件下，要树立劳动力是商品、是劳动者的商品的理论观念，并转变到劳动力不仅是劳动者的商品，而且也是劳动者的资本的理论观念上来，需要胆量和勇气。

传统的理论认识是，劳动力是劳动者的商品，是剩余价值理论的前提条件；劳动力是劳动者的资本，资本占有劳动生产的剩余价值理论也就难以自圆其说了。然而，劳动力是劳动者的资本，有利于推进劳动者共同富裕，符合社会主义的本质特征。我能坚持劳动力是资本、是劳动者的资本的理论观点，固然源于一种理论自信，更是因为有挑战学术权威的胆量和勇气。

资本通过占有劳动生产的剩余价值实现自身的价值增殖，被认为是资本；劳动力的使用通过生产剩余价值实现自身的价值增殖，更应该被认为是资本；人力资本被人们广泛使用和传播，劳动力是人在生产使用价值时所发挥的体力和智力的总和，属于人力的范畴，劳动力资本也应该被人们广泛使用和传播。

对劳动力是资本的理论自信，更让我有胆量和勇气进一步对劳动力如何成为劳动者的资本，资本运用新方法、新技术降低个别价值和通过个别商品交换占有超额剩余价值的合理性等问题进行理论探索。

2016年以来，尽管已退休多年，我还能写出《劳动力财产的产权逻辑与中国式现代化的关系》《劳动力两重属性与劳动者共同富裕的逻辑关系》《劳动力与资本协同推进劳动者共同富裕的逻辑》等文章，并在《兰州学刊》《兰州财经大学学报》《江汉论坛》等杂志上发表，这与我对劳动力是资本的理论自信以及我有挑战学术权威的胆量和勇气有很大关系。

验证自己的理论自信，需要坚持。

创新和完善的理论概念，需要广泛地应用于解释和解决社会经济问题，才能验证它们的科学性。能够解释和解决的社会经济问题越多，创新和完善的理论概念就越科学。马克思主义理论之所以被认为是科学的理论，就是因为它放之四海而皆准。

不同于数学定理通过严格的逻辑推理就能证明它的科学性，社会科学理论要把它广泛地用来解释和解决实际问题，才能证明它的科学性。

正是因为这种理念，我持之以恒地把对马克思主义经济学理论概念的理解，广泛地应用于解释和解决社会主义市场经济建设中出现的新问题、新矛盾，来证明我对马克思主义经济学理论概念理解的科学性。

对马克思主义经济学理论概念的理解不仅能用来解释和解决社会经济问题，而且还能用来认识社会学和政治学领域的某些问题。

在《经济问题》和《湖南大学学报（社会科学版）》等杂志上发表的《社会主义的本质特征及其实现途径的演变逻辑》《中国特色社会主义能够发展中国的逻辑及意义》《社会主义制度和市场经济有机结合的理论逻辑》等文章，正是有这种理论自信和坚持才得以创作出来的作品。

人生感悟

人生波折，对弱者是灾难，对强者是磨炼。

人生不是一帆风顺，学术研究也是如此。路漫漫其修远兮，吾将上下而求索。学术道路漫长，需要上下而求索。

没有目标的人生是糊涂的人生，没有学术目标的学者，

■ 李松龄（左二）参加2022年度"财经教育奖励基金"颁奖典礼

不可能有大的成就。学术目标会在学习、借鉴、比较和挑战经济学理论的过程中逐渐明确，也会在无所事事和碌碌无为中逐渐丧失。

在学习、借鉴、比较和挑战经济学理论的过程中，创新和完善理论概念，需要理论自信；创新的理论又是在持之以恒地解释和解决现实问题的过程中得以完善。若缺乏理论自信的学术精神，则不可能有创新和完善理论概念的胆量和勇气。

创新和完善理论概念，需要坚持，将创新和完善的理论概念应用于解释和解决社会经济问题，同样需要坚持。

理论自信在学者的坚持中形成，也是学者能够坚持的动因。

名家问学

做人做事贵在坚持，从事理论研究更贵在坚持。

主要学术成就

著　作

《价值理论与收入分配》，湖南大学出版社，2013 年
《经济和谐理论研究》，湖南大学出版社，2011 年
《社会主义和谐社会研究》，湖南人民出版社，2006 年
《公平、效率与分配——比较研究与产权分析》，湖南人民出版社，2005 年
《价值理论与经济制度》，中国财政经济出版社，2002 年
《劳动价值论：市场经济运行的理论基石》，中国财政经济出版社，1999 年

论　文

《中国特色社会主义理论传承与创新发展的逻辑——中国式现代化本质要求坚持中国特色社会主义的诠释》，湖南大学学报（社会科学版），2023 年第 5 期
《劳动力财产的产权逻辑与中国式现代化的关系》，兰州学刊，2023 年第 10 期
《经济创新力竞争力的理论逻辑与制度创新安排》，学术界，2023 年第 6 期
《中国式现代化的本质要求内在逻辑与制度保障》，经济问题，2023 年第 2 期
《资本有序或无序扩张的理论界定及其制度规范》，现代经济探讨，2022 年第 10 期
《初次分配推进共同富裕和美好生活的理论逻辑》，消费经济，2022 年第 1 期
《构建有效经济体制的理论认识与制度安排》，江汉论坛，2021 年第 1 期
《以人民为中心的理论认识与制度安排》，湖南大学学报（社会科学版），2020 年第 5 期
《超额剩余价值理论的深化认识及其当代意义》，经济纵横，2019 年第 4 期
《虚假的社会价值的辩证分析和现实意义》，福建论坛（人文社会科学版），2019 年第 4 期
《社会资本理论的辩证认识与现实意义》，贵州社会科学，2019 年第 1 期
《只有改革开放才能发展马克思主义》，山东社会科学，2019 年第 1 期
《新时代新发展理念的辩证分析与制度安排——基于劳动价值论的深化认识》，现代财经（天津财经大学学报），2018 年第 11 期
《初次分配共享发展的理论问题与制度安排》，财政研究，2018 年第 1 期

李 育 民

李育民，1953年生，湖南耒阳人，历史学硕士，湖南师范大学历史文化学院教授、首任院长、博士生导师，享受国务院政府特殊津贴专家，国家社科基金学科规划评审组专家、全国优秀教师、国家"万人计划"教学名师、湖南省优秀社科专家、省优秀教师、省优秀研究生导师，曾兼任教育部高等学校历史学学科教学指导委员会委员、湖南省学位委员会学科评议组成员、省哲学社会科学成果评审委员会委员等。

长期从事中国近代史教学和近代中外关系史等领域的研究，出版著作20余种，合作点校《清季外交史料》；在《中国社会科学》等刊物发表文章100多篇；入选《国家哲学社会科学成果文库》1项，获高等学校科学研究优秀成果奖（人文社会科学）一等奖1项、二等奖1项，湖南省社会科学优秀成果一等奖3项、二等奖2项、三等奖1项，湖南省高等教育教学成果奖一、二等奖各2项，三等奖1项。并获明德教师奖、湖南省普通高校教学奉献奖等。

李育民先生"学术足迹"示意图

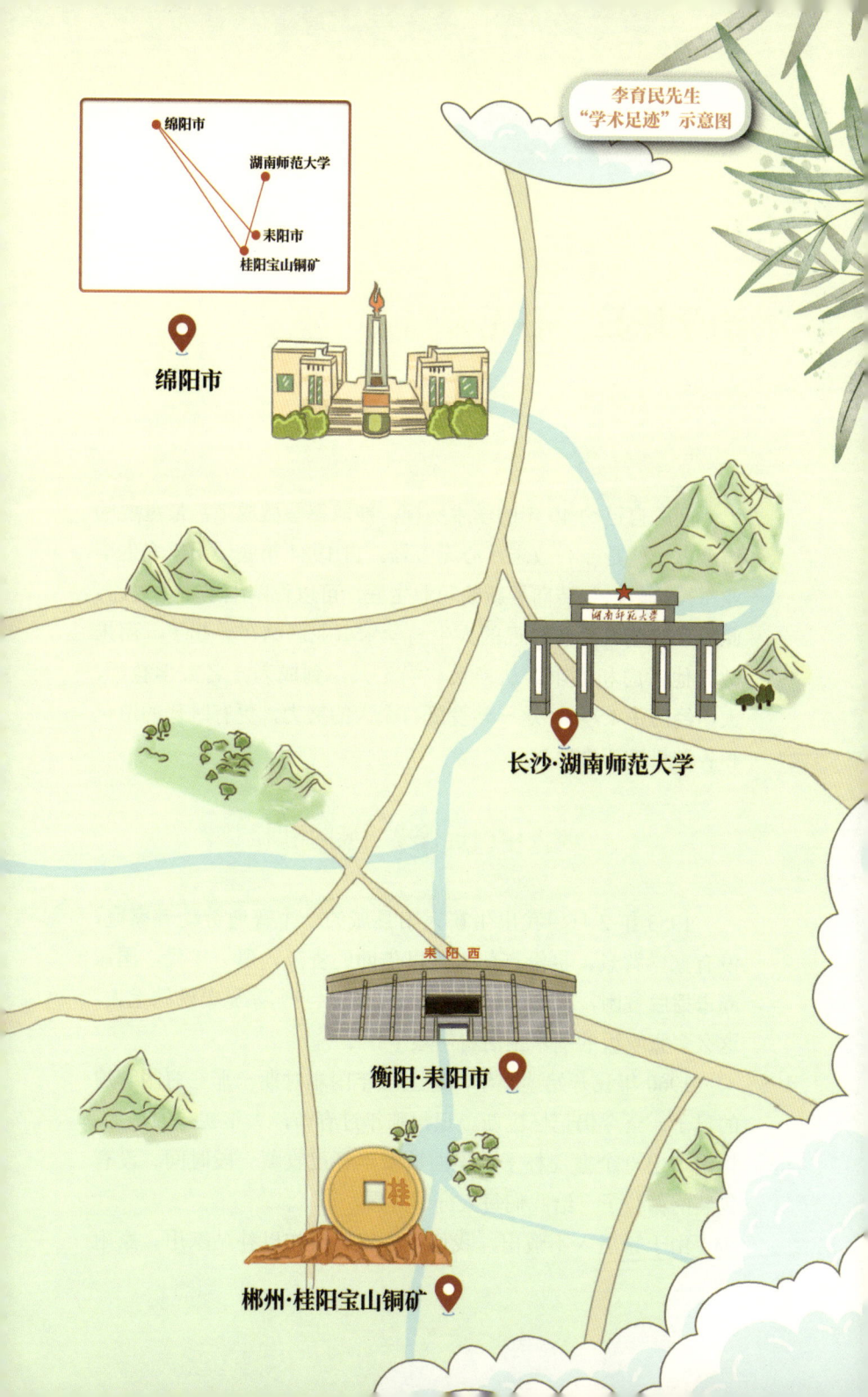

绵阳市
湖南师范大学
耒阳市
桂阳宝山铜矿

绵阳市

长沙·湖南师范大学

耒阳西

衡阳·耒阳市

桂

郴州·桂阳宝山铜矿

治学任教　心无旁骛

　　回顾自己约40年的学术历程，能取得些微成绩，最重要的体会之一便是专心致志，心无旁骛。自1984年底硕士研究生毕业留校执教，我转向了新的职业生涯，可以说踏上了学术之路。此后，我便真正将自己的人生与学术事业联结在一起了，而未做其他考虑和追求。从当兵、当工人，到成为一名大学教师，大约经历了15年，这一转变既有个人的努力，更有时代的造化和各种机缘巧合。

步入中国近代史领域的由来

　　1953年2月，我出生在耒阳县城的一个普通劳动者家庭，没有家学背景，也没有什么可以借助的资源。那个年代，国家尚未摆脱贫困，大家的日子都过得艰难。我们家兄弟姊妹七人，这么多张吃饭的嘴，生活自然艰辛。

　　1960年我开始读小学，赶上三年困难时期，那些穷困窘迫的日子，至今仍记忆犹新。记得那年过春节，大年初一的早上，母亲拿出一个搪瓷杯子，里面放着半杯已收藏一段时间、没有包装的糖粒子，给我们每人分了几颗。

　　由于家里入不敷出，我们很小就要劳作以补贴家用。家附近有一个养猪场，每天收购猪草，我们便经常去远处扯草卖钱。后来长大点了，又转向更重的体力活，如挖土方、打零工、做小工等，我有几次差点从高高的架子上摔下来。

在那些艰苦的日子里，母亲的言传身教是一种无形的力量，成为家中的主心骨。母亲是在旧社会的苦水里泡大的，年幼失母，跟随父亲打鱼为生，四处为家，尝尽人间艰辛。新中国成立后，母亲成为百货商店的营业员，怀着对党和毛主席的感激之情，在工作中兢兢业业、任劳任怨，30余年如一日。

从懂事时开始，母亲勤劳刻苦、严于律己、朴实善良、宽容谦让的优秀品质，便深深地感染着我们。记得母亲为了增加营业额，常常以瘦弱的身躯，肩荷一百来斤的重担，忍受着脚上鸡眼带来的钻心般疼痛，往返10余千米去圩场摆摊。每次回来，她总是被汗水湿透衣衫，脸色也颇为苍白，但她总是毫无怨言。

又记得，在生活环境那么艰难的情况下，母亲看见无依无靠的流浪儿、被遗弃的婴儿，总是把他们领回来，给自己本来就沉重的担子再加上一些分量。有一次，母亲从路边领回来一个被遗弃的小女孩，身上那么脏，气味那么难闻，我们都捂着鼻子，可是母亲耐心地给她洗澡，换上我们的衣服。一个女婴在路旁哇哇待哺，无人理会，母亲看见了，连忙抱回家，买了奶粉、白糖，将甜蜜和温暖给予这个与自己毫不相干的小生命。后来这个小婴儿被人领养，母亲自是十分欣慰，却不接受任何报酬。

为了撑起这个家，把我们拉扯成人，母亲节衣缩食，宁愿自己多吃苦，也不让我们失学。正是母亲的言行举止，给我们幼小的心灵灌注了不畏艰难、刻苦顽强，以及宽以待人、与人为善的品格元素，培育了我们做人的基本准则，以及对社会的责任感。

到7岁那年，我开始发蒙就学，在耒阳城北小学入读五年

■ 1969年，李育民参军　　■ 1976年李育民（左一）在桂阳宝山铜矿

一贯制试验班。小学5年期间，自识字后，我逐渐养成了喜欢读书的习惯，由连环画到短篇小说，后来更迷上了大部头的长篇。回味过往，书中的情节，令人兴趣盎然、不忍释手，常常废寝忘食。这一读书的习惯爱好，可以说在潜移默化中，不仅对人生的志趣情操产生影响，还为后来所从事的学术事业搭起了一座桥梁。小学学业完成后，我在1965年顺利考上本县的第一中学。我们这一届是老三届的最后一届，严格算起来，只扎扎实实读了一年初中，但后来均领到了毕业文凭。

　　初中毕业后的1969年，我应征入伍，成为一名解放军战士，此后之所以能成为一个历史学者，正是萌发于这一段经历。"文革"期间，学校、单位的图书馆均被毁坏，家中的藏书也被收缴，基本上无书可读。我所在部队驻地原是当地的一所党校，里面有一个图书馆，所藏各种书籍放在一间房子，无人管理。里面有政治、经济、哲学、历史类图书，我们设法在里面找书看，找到一些哲学和历史类的书，如井上清的《日本现代史·第一卷·明治维新》。从此以后，我逐渐对历史产生了兴趣，有意识地寻找这方面的书籍。遇节假日进城，我又到新华书店找寻，有一次看到范文澜的《中国通史简编（修订本第二编）》非常高兴，立即购买。读了之后，有了懵懵懂懂的感觉，对历史越发感兴趣。因为该书是竖版繁体字，读的过程又训练了自己识认繁体字，在一定程度上适应了古籍阅读。又因为喜欢读书，我与一位"文革"前的老高中生战友经常来往，他勉励我以后有机会争取上大学，听后尽管感到遥不可及，但内心还是为之一动，种下了大学梦的根苗。

当了4年兵，1973年我退伍后被招工到桂阳宝山铜矿，安排到汽车队的维修车间当了一名工人。工作之余，除了继续跑书店之外，我还设法通过其他途径找书看，尤其注意将范老的通史简编购齐，陆续又购买了《中国通史简编（修订本）》的第一编和第三编的第一、二册，读大学后又继续购买了几册。除了中国史之外，又购买或借阅了世界史方面的书籍，如樊亢等人编著的《主要资本主义国家经济简史》，丘吉尔的《第二次世界大战回忆录》等。这个时期，报刊还时常刊载儒法两家的文论和评论文章，我又买了平时难以见到的一些书籍如《荀子简注》，阅读后增添了传统思想文化方面的知识。

除了中国古代史和传统文化之外，当工人的这几年，我也开始阅读中国近代史，包括范文澜所著的《中国近代史》上册，读后感触颇深。与古代的辉煌不同，近代中国是中国历史上最为悲惨的一个时代，书卷中呈现了清政府的一次次惨败，以及由此给中华民族带来的沉重灾难和屈辱。国家地位一落千丈，中国的社会性质、经济关系和阶级关系，以及思想文化等，均发生了巨大变化。感受最深的，是中国开始蒙受外国的欺凌，心中极为愤慨，希望努力让自己的国家强大，这大概是所有中国人的同感。

工作和自学之余，由那位老兵战友勉励而勾起的大学梦不时涌上心头。当时全国高校招收工农兵大学生，我所在单位的一位领导是矿党委委员，他兴冲冲地对我说，我们推荐你上大学。我听了非常高兴，但等到推荐工作结束，也未见有下文。一直到1977年恢复高考，大学梦才有了实现的可能，获悉这一消息后，我请了12天探亲假回家复习。高考结束后没有把握，原打算第二年继续考，未料在1978年春节后收到了湖南师范学院（今湖南师范大学）政史系历史专业的录取通知书。

录取通知书意味着人生的一大转折，从此我的职业生涯由工人转向了学人之路。我们这一届学生长期处于知识贫乏的状态，进了大学，犹如进入知识海洋，大家都非常珍惜，如饥似渴般吸吮着这里的养分，没有什么节假日的概念。正是在这一氛围中，我也努力地充实自己，除了完整系统的中外历史之外，还学习了哲学和政治理论，以及师范类专业的必修课程，为新的学术生涯打下了基础。历史专业的课程设置重视马列主义理论，开设了经典著作选读的课程，如恩格斯的《家庭、私有制和国家的起源》等。这些课程的学习，更是让我从专业的角度对哲学课所学的基本原理，即历史唯物主义和辩证唯物主义，有了进一步的理解，为以后的学术研究打下了理论基础。

历史学科犹如一部百科全书，就历史本身而言，涵盖中外古今广袤无垠的时间和空间，涉猎时我常常流连忘返。我决定考研继续深造，将历史学作为自己的安身立命之业，在对具体学科专业作出取舍时，林增平先生对我产生了直接影响。先生学术造诣深厚，撰写了新中国成立后第一部中国近代史，可以说是新中国这一学科的开创者之一。先生给我们作了近代中国资产阶级问题的系列讲座，对其孕育、产生、形成，以及不同阶层的地位、作用等，作了精当全面的分析，提出了不同于传

■ 林增平（右一）与王永康两位导师

统看法的见解，令我们耳目一新。印象最深的，是先生通过与西方比较，对中国资本主义的特点和中国资产阶级前身来源所作的剖析。先生的讲授，使我们不仅对这个问题有了深入的认识，而且感受到中国近代史的丰富内涵，领悟了学术领域的深奥精微。以前也有主攻世界近代史的想法，但在先生的影响下，感到更应关注中国自己的历史，于是决定报考先生的硕士研究生，专攻中国近代史。

　　大学的最后一个学期，我参加了硕士研究生的入学考试，并如愿以偿，成为先生第三届学生中的一员，这是人生路程中又一个重要阶梯。自1982年春季入学后，我便在先生和另一位导师王永康先生的指导下，开始真正步入了中国近代史的学术领域。

从湘湖人物的研究到关注中国传统文化

与本科生不同的是，硕士生的学习目标和方法主要通过研究性学习培养自己的独立研究能力。从硕士阶段开始，可以说是真正进入了学术研究领域，在课程学习中，我摸索着自己选择研究课题，从湘湖人物到政治史，再一步步走向条约研究。对湘湖人物的研究，将我引向对传统文化的关注，随后又融入条约和中外关系的研究之中。

攻读硕士的第一个学期，王永康老师给我们上课，讲到曾国藩率领湘军镇压了太平天国，感到有些疑惑和奇怪。因为曾国藩是一个文人、文臣，居然能够领军打仗，我于是产生了研究他的治军思想的想法，并完成了一篇习作。研究中发现，曾国藩治军思想的精髓就是中国的传统文化，如"礼""诚"理念、中庸之道、儒家伦理哲学等，时人也认为他的成功本于学问。此前我接触了传统文化，而通过对治军思想的探讨，对这一领域有了一些具体的认识和了解，进一步感受到它的博大精深，由此产生了研究曾国藩传统文化思想的想法。但由于后来研究方向未在这一领域，该想法直至过了20年后才付诸实施，2006年我完成并出版了《曾国藩传统文化思想研究》一书。曾国藩研究是我从事学术事业的第一个选项，除学术思考的引导之外，还有一个特殊因素，我的岳母是曾氏第五代后裔，这在某种程度上促推了我在这一领域的研究。

如果说，对曾国藩的关注引起了对传统文化的研究兴趣，那么，后来随着中外条约研究的深入，我将它与中外关系结合起来，纳入这一范畴作了相应的探讨。我觉得，博大精深的中国传统文化是一份宝贵的历史遗产，作为历史研究工作者，应该大力阐扬和挖掘它的重要价值。正是出于这一想法，将传统文化与自己研究方向的中外关系联系起来，便成了一个经常考虑的问题。

在中外关系中，传统文化有其消极的一面。在探讨中外不平等条约形成的原因时，我发现某些传统观念所起的副作用，例如所谓"羁縻勿绝"的观念成了清政府议抚求和的直接理由，并融入条约关系之中；"怀柔远人"和"一视同仁"观念，将与他国交往视为单向赐予，便利了列强向中国进行勒索，且得以均沾他国所攫取的各种特权；"因俗而治"和"不治治之"的观念和方针，对清政府让弃主权产生了深刻影响，且在涉及朝贡关系的交涉中也处于被动；"要盟无质"或"要盟不信"观念，一方面自然而然地转为对列强本能的抵拒，并留下了具有某种价值的思想资源，但另一方面又加剧了中外冲突和矛盾，导致条约关系发生新的变化。

但同时，传统文化又有着积极因素。例如它所具有的王道精神，这是中华民族博大为怀，将天下视为一个命运共同体的观念。这种精神和观念对于当今世界有着非常重要的借鉴价值，作为历史学工作者，应该努力挖掘中国传统文化中的精华，服务于中国社会和国际社会。

习近平总书记在这方面的论述，对我启发很大，继 2013 年提出以传统文化中的"亲、诚、惠、容"作为周边外交理念之后，2015 年他又阐述了"全人类共同价值"的观点。习近平总书记指出："'大道之行也，天下为公。'和平、发展、公平、正义、民主、自由，是全人类的共同价值，也是联合国的崇高目标。目标远未完成，我们仍须努力。当今世界，各国相互依存、休戚与共。我们要继承和弘扬联合国宪章的宗旨和原则，构建以合作共赢为核心的新型国际关系，打造人类命运共同体。"这一段话全面界定了全人类共同价值的范畴，揭示它对当今构建新型国际关系的作用，并将其提升到"打造人类命运共同体"的高度。

后来我在《近代中外条约研究的话语体系构建》（载于《中国社会科学》2020年第3期）一文中，运用这一新的理论，论述了挖掘传统文化精华与阐扬共同价值的关系。我认为，习近平总书记提出的全人类共同价值，贯注着中国传统文化精神。他以《礼记·礼运》中的"天下为公"为点睛之笔，揭橥了全人类共同价值的中心所在，虽然是着眼于当代人类社会和国家关系，但给我们分析近代中外条约关系提供了可资借鉴的思路。在文章中，我阐述了中国传统文化中的一些重要内涵，如注重情感、诚信为本、互利互惠、和谐包容等，无疑是人类世界的共同价值，或是在国际关系中值得推崇的价值观念。由此提出，阐发人类世界的共同价值，挖掘传统观念中的积极因素，是建立中外条约关系研究体系必不可少的基本原则。

在其他有关文章和著作中，我也将其与传统文化联系起来，阐发其在治国邦交中的积极意义。传统文化虽然不是自己的主攻方向，但却对我在这一主攻方向的研究产生了重要影响。由此，我更深切地感到传统文化的价值，不仅为当今建设和谐的国际社会，推进中华民族伟大复兴事业提供了历史借鉴，而且有助于构建近代中外条约研究的话语体系。

从政治史研究到开启中外条约研究领域

对传统文化的探讨深化了我对中外条约和中外关系的认识；不过，我关注中外条约问题并不起因于此，而是源于政治史的研究。

政治史研究始于硕士研究生阶段，不过，严格地说，从撰写本科毕业论文开始，我便在林先生的直接指导下步入这一研究领域。非常幸运，大学最后一个学期，教研室安排先生做我的毕业论文指导老师。这是我第一次写史学论文，不知道如何下手，先生告诉我如何确定选题、查阅文献资料，以及如何撰写等。在具体写作过程中，我对于如何组织材料、哪些该写、哪些可不写，仍感心中无底，于是写了两篇不同模式的论文请先生指导。先生认真阅读后，肯定了其中的一种模式，告诉我，一篇论文要切中主题，与主题无关者可以不写或少写。先生的指教使我初步摸到了写作史学论文的路径，且终身受益。毕业后我又顺利地考上了先生的研究生，从此便一直在先生门下治学中国近现代史。

在硕士研究生阶段，先生耳提面命，言传身教，使我们对学术有了更深刻的认识，也对先生的人师风范有了相当的了解。关于治学，先生是新中国以马列主义为指导研究中国近代史的"前驱者"之一，他根据亲身经历和体会，强调要以马克思主义为指导，因为他自己的成就就"得力于此"；关于治学的目的，要有责任感和使命感，要同探寻历史发展规律，坚定社会主义

■ 林增平先生（右二）与学生指导交流

和共产主义信心的重大使命结合起来，要为马克思主义的历史研究作出贡献。在人格修养上，先生自强不息，刻苦自励；待人以诚、不争名利、谦让包容、以德报怨，保持了一个教书先生的初心。学如其人，先生的治学态度和人格精神浑然一体，构成了道德文章的崇高境界，在学术界是有口皆碑，我们治学做人，也努力以先生为榜样。

那时先生的主要研究方向是辛亥革命，属于政治史领域，我们的硕士论文也都在这一领域确定选题。但我的兴趣不在武装斗争本身，其时民初政治研究还有较大的空间，我确定以该时期的进步党作为选题。进步党是旧立宪派人组建的政党，学术界已作了一定的探讨，均认为它是袁世凯的御用党。为了弄清该党的性质，我赴北京查阅各种文献资料，待了两个多月。当时国家图书馆的条件很差，我要查阅的报刊只能阅读胶卷，藏于西四报刊库，只有一台阅读器可以使用。为了能够使用这台阅读器，我特地住到附近的浴池旅店，每天凌晨五点多钟便去排队，以确保排在第一名，其他来查资料的人往往知难而退。多少年后，我们这里有学生去西四报刊库查阅资料，还听到工作人员说起当年湖南小伙排队的事。

通过掌握大量一手资料，并运用列宁关于阶级划分"总是决定着政治派别的划分"的分析理论，我对进步党作了新的探讨，否定了学术界占主导地位的传统观点。文章剖析了进步党的政治路线和联袁策略及其实践，以及最后与袁世凯决裂的过程。我认为，该党并非袁世凯的御用党，而是实行温和路线的资产阶级政党，它的失败也是旧民主主义革命失败的重要内容之一。这一观点以马克思主义理论为分析依据，又以大量原始史料为实证，得到了先生和学术界的肯定，硕士毕业第二年，我便在先生的关心下将其发表在《近代史研究》，产生了广泛的反响。可以说，以硕士论文《进步党述论》为起点，1985年1月毕业留校后，我开始以清末民初的政治作为研究方向。后来耿云志先生主持"西方民主与近代中国"项目，约我写一部分民初方面的内容，所以我又着重作了这方面的探讨，涉及该时期民初的政党、政体、宪政实验等。

值得一提的是关于孙中山的研究，因为在这个成果汗牛充栋、很难突破的领域，我获得了意外的新发现。1986年是孙中山120周年诞辰，学术界要举行隆重的国际学术讨论会，面向全国征文。我对政治体制问题有较大兴趣，打算写一篇有关孙中山政体思想方面的文章，但具体题目颇费思考。通读孙中山全集后，发现权能区分在孙中山思想体系中具有重要地位，而学术界较为关注五权宪法之类，对此仅稍有提及，于是确定了这一选题。文章在探讨其产生背景、思想源流、结构内容的基础上，对权能区分理论作了新的评析，认为这一独特理论是孙中山民权主义发展历程上的最后一块里程碑。中心思想是调和人民与资产阶级统治之间的矛盾，且以此为原则，设计一个在人民基础之上的强有力的资产阶级政权形式，可以说是资产阶级政体理论的一个发展。这一研究，不仅深化了对孙中山民权主义思想的认识，而且对当今的民主建设也提供了历史借鉴。文章经评审被选中并邀请参会，发表后也反响较好。其后，随着我转向对外关系的研究，政治史又与这一领域结合起来，有关孙中山的选题也多朝这一方向转移。

硕士毕业后留校任教，我便打算以政治史为研究方向，开设了政治学和中国近代政治制度史两门选修课，而后者则直接引出了中外条约这一新的研究领域。在准备这门课的时候，看到费正清的《剑桥中国晚清史》有一章谈条约制度的形成，从中受到启发，于是将条约作为中国近代政治制度的组成部分。其后又有两件事，促使我着手进行该领域的学术研究。一是有幸参加中国社科院近代史研究所1990年召开的庆祝建所40周年学术研讨会。当时先生将他收到的邀请函贴在研究室，希望大家撰文参加，看到会议主题是"近代中国与世界"，我觉得条约制度与之相符，于是就写了《近代中国的条约制度论略》一文。我请先生看了文章，他充分肯定这一研究，并予以指导。文章寄给近代史所后被选上，并获邀请，于是与先生一起赴京参会。条约研究方向的选择，除了先生的肯定和指导之外，还得到了近代史所张海鹏先生的支持。张先生当时是副所长，负责筹备会议，参会时听他说，我的文章是他看中的，给我发了邀请函。会上，文章得到前辈学者的认可，发表后也产生了较好反响。这些都极大地鼓舞了我的信心，对条约研究有了更多、更深入的思考。

二是获得国家社会科学基金的资助。第二年，恰巧国家社会科学基金项目指南里面，有一个选题是"不平等条约的研究"，于是我以"近代中国的条约制度"为题，申报了国家社科基金青年项目，很幸运获得通过。课题于1994年完成，1995年出版与项目同名的《近代中国的条约制度》一书。该书是一个新的起点，这是我做中外条约研究的第一部专著，也是从事这一方向领域研究的第一个标志性成果。作为新中国成立以来国内第一部系统研究条约特权制度的著作，该书从国际法和制度的角度，将其与中国半殖民地社会形态紧密联系起来，对近代中外不平等条约作了新的研究，认为条约制度是近代中国政治、社会制度的一个基本组成部分。

该书的出版，标志着我正式转向了中外条约的研究，将这一领域作为主要方向。就条约研究而言，这仅仅是一个初步的开端，尚未形成一个完整的、具有独立地位的研究领域，还须作出更大的努力。该书简要剖析和阐述了条约制度与国际法的关系、对中国社会的影响，以及被废弃的历史过程，这些正是我随后继续探讨的问题。

构建中外条约研究的完整体系

长期以来,学术界对中外条约的认识存在极大的局限,往往将它与不平等条约等同起来。说实在的,"近代中国的条约制度"课题和专著的产生,也是出于这一认识,研究的中心主题正是不平等条约。通过条约制度的研究,我对中外条约的认识发生了重大变化,不仅注重从法理上进行探讨,而且认为这是中国近代史的基本问题之一,是一个意义重大的研究领域。新的认识将这一问题的研究推向更广更深的领域,此后,我开始考虑构建中外条约研究的完整体系。

课题结项之后,我首先把研究重心放在废约问题上,这是一个非常重要,但却长期被学术界所忽略的论题。1996年,我以"中国废约史"为题申报了教育部人文社会科学项目,但未获通过。1997年,国家社会科学基金申报指南有"近代中国反对、废除不平等条约斗争史研究"的选题,看到后毫不犹豫以此为题再次申报,并获得通过。由于涉及范围广、问题多、资料杂、难度大,最终成果于2005年由中华书局出版时,篇幅大大超过预期。

该书共22章、77万字,作为《近代中国的条约制度》的续篇,我论述了自清政府至新中国各个时期反对不平等条约的斗争。在既有研究的基础上,该书在内容论述、理论探讨,以及史料收集等方面取得了新的进展,更加全面完整、系统深入地揭示了中国反对、废除不平等条约的斗争。就废约斗争的主体来看,全书作了全面论述:包括清政府和北京政府在内,历届中国政府都作了努力。废约主体还包括各种进步势力和社会力量,其中中国共产党(包括新中国)反对不平等条约的斗争及所作贡献,长期为学界所忽略,我对此作了系统深入的考察,填补了这一研究领域的空缺。此外,该书深入地探讨了废约本身和废约研究中的一些理论问题，对废约中其他问题作了较为详尽的解析和客观的评价，弥补了此前研究中的薄弱之处，从而清楚地揭示了废约斗争的发展历程及其规律。

该著作在此领域取得重要进展，产生了广泛的社会反响和学术影响。令人感动的是，中国史学会原会长李文海先生患病后刚刚出院，便阅读了80余万字的书稿，欣然为之作序，作了充分肯定。他认为：较之既有研究，该著作"建立了一个更为完整的体系，全面系统而又详实细致地论述了中国反对、废除不平等条约的斗争历程"；作者"关于不平等条约的研究，从《近代中国的条约制度》到《中国废约史》，就是在尽着一个历史学家提醒社会不要忘记历史的学术责任"，全书"很好地发挥了'述往事，思来者''以史为鉴，可以知兴替'的作用"。

《中国废约史》完成后，我又转向中外条约关系的研究，先以"近代中外条约关系研究"为题申报国家社会科学基金项目，

■《中国废约史》　　　■《晚清中外条约关系研究》

未获通过。随后在一次学术会议上遇到李文海先生,我就这一课题向他请教,他认为条约研究还可继续深入进行,条约关系的选题很有必要。鉴于探讨整个近代的条约关系显得过大,有必要缩小范围,于是2007年以"晚清中外条约关系研究"为题再次申报,获得顺利通过。

将条约关系作为一个研究领域或范畴,是一个新的提法,尽管此前以中英条约关系作为选题指导过博士,但现在涉及的问题更多,难度更大。课题立项之后,历时7年,直到2014年初才完成结项。其后又不断修改,2017年申报《国家哲学社会科学成果文库》,获得通过,翌年由法律出版社出版。自课题2007年立项开展研究,至2018年正式出版,前后历经11个年头。

与以往的条约研究不同,该著作没有局限在不平等条约的范围,而是从法律关系这一新的视角,对包括平等条约在内的中外条约作了全面探讨。同时,又从五个方面阐述了马克思主义史学理论,以及对条约研究的指导意义。在此基础上,纵向探讨了条约关系酝酿产生、形成发展和巩固强化的过程,又从横向探讨它的形式和实质,清政府的态度、应对及其变化,民众"排外"运动与近代化趋向,6个主要列强国家"豪夺"与"巧取"所呈现的本质属性等,最后剖析了不平等条约关系开始动摇,并最终走向崩溃的历史必然。

该著作弥补了既有研究的局限和缺失,从新的角度拓展和深化了中外关系研究,获得学术界的广泛好评。中国史学会原会长张海鹏先生认为,该著作"拓展、深化了在此领域的研究,取得了重大突破""作了深入的理论探讨,对相关概念作了科学的阐释"等。复旦大学历史系原主任吴景平先生认为,"具有开创性的学术价值""兼具开拓创新和实证研究传统"等。

在所作系列研究的基础上,我打算组织编写一部完整的条约通史，就在该课题完成结项的2014年，申报了国家社会科学基金重大项目"近代中外条约关系通史"，获得立项。2020年底，课题组按预定计划全部完成，提交鉴定，翌年初正式结项。同时，早已约定出版该通史的中华书局，申请国家出版基金项目也获通过，再作修改后，全书于2022年出版。

作为第一部条约通史，《近代中外条约关系通史》以1689—1949年间的中外条约关系为研究对象，对研究理论、发展演变、历史影响等作了系统研究。全书共7卷，第1卷为总论卷，第2至7卷分阶段阐述近代中外条约关系的发展演变及其影响。第1卷《近代中外条约关系概论》系总论卷，由我执笔，第2至7卷依次由曹英、李传斌、尹新华、李斌、刘利民、侯中军承担完成。

通史的正式出版，可以说是中外条约研究的水到渠成，标志着中外条约研究形成了完整的体系，研究过程中和正式出版后均有着良好的学术反响。对我来说，通史的出版完成了最为重要的学术愿望，加上此前出版的著作，以及由我主编的《中外条约与近代中国研究丛书》，可以说初步构建了中外条约研究的体系。

将学术精神融入教学之中

作为一名大学教师，教书育人是责无旁贷的职业使命。我在执教过程中，对本科、硕士、博士各个层次的学生，在加强思想品德教育的同时，尤注重将学术精神贯注其中，培养学生的专业能力。

我在硕士研究生学习的三年时间里，系统地接受了专业训练。林先生授课，不是简单地讲述史事过程，而是从问题入手，介绍各种观点，逐一分析，并提出问题讨论，鼓励我们思考新

■《近代中外条约关系通史》

■《中外条约与近代中国研究丛书》

的问题，阐发自己的见解。讨论之后，先生总是耐心地解析，帮助我们了解自己的不足，深入地认识这些问题。毕业后留校任教，不论是本课教学还是指导研究生，我都力图按照先生的方法，将学术精神融入教学之中，从加强学生的问题意识着手，培养他们的专业创新能力。在本科生教学中，通过课堂教学和课外辅导，指导毕业论文、学年论文、科研实习，以及指导国家大学生创新性实验计划项目和学生社团等，不仅培养了学生的政治思想素质，还激发了他们专业学习的热情，提高了学习和研究能力。毕业后，不少学生通过各种方式，向我表达他们的谢意。

1997年后，我先后担任湖南师范大学历史系主任和历史文化学院院长，对我来说，这只是一个学术职务，意味着更大的学术责任。历史文化学院成立时，作为第一任院长，我向全院提出要"崇尚学术、笃实求真、自强不息、宽厚兼容"，正是为了倡导以学术为内涵的科学态度。我始终将大学视为一个学场，而不是官场，在学院的第一次大会上，要求大家不要称我为院长，年轻教师可以称老师，年长者和同辈人可以直呼其名。为了培植学院师生的学术精神，尤其是激励他们的专业意识，我在院务会上提出，在学院挂上湖南近代以来历史学家画像，得到赞同，并付诸实施。

自担任系主任后，随着学校强化教学管理，强调教学改革，我也开始在系院范围内全面推进，并注重将学术融入其中。在新世纪来临之际，我于1999年底组织全系老师举行了教改经验交流会，总结教改的经验和特点，校报以"历史系教学改革成效斐然"为题作了报道。随后又伴随着国家教学改革的推进，陆续获得各种国家级和省级项目，如主持教育部人才培养模式创新实验区建设项目、国家精品课程、国家一流本科课程，省级项目"历史学专业课程思政建设的综合研究——以中国近代

李育民（前排左四）与研究生在林先生铜像前合影

史课程群为例"。同时，围绕学生研究性和创新性学习能力的培养，以及教学改革中的其他种种具体问题，我们又申报了相关的省级重点、一般教改课题，均得以获准立项。

在这一过程中，我又作了一系列的思考和探讨，撰写了《关于历史学专业课程体系改革的思考》《历史学基地人才培养的探索与实践》《历史专业研究性学习能力培养初探》《历史专业人才培养模式创新实验区建设的理论思考》，主编《大学生专业学习指南》丛书的分册《历史学与文化产业管理》等。这些探讨的目的，旨在加强思想品德教育的同时，在教学中贯彻学术精神，提高学生的专业能力。为此在教改实践中还作了一定的理论探讨，获得新的认识。如研究性学习，从培养目标、专业现状、时代需要、教改要求、心理特点等角度探讨其必要性；从内涵要素、课程体系、教学框架、搭建平台、培养能力等方面探讨其基本目标和主要内容；同时又将其视为一个系统工程，从课程体系、教学内容、教学方法等各个环节制订具体实施方案。在实践中，以"创新实验区"项目为中心，将其他各个项目聚合为一体，大力推行本科生各个方面的教学改革。2014年，为总结创新实验区教学改革的实践，又与学院一道组织全院老师召开教改经验交流会，对这一改革作了总结，其后又主持编辑了《历史学人才培养模式的探讨与实践——历史学人才培养模式创新实验区教学改革论文汇编》，正式出版。

除了本科生教学，在研究生教学中我更加注重专业能力，尤其是研究能力的培养。从学历层次而言，较之本科生，研究生更应具备独立研究能力，这是在培养过程中需要重视的。自1995年开始招收硕士生之后，我逐渐意识到这一问题，形成了培养和指导研究生的基本思路。在教学中，注意启发和培养学生的各种能力，诸如思维能力、表达能力、问题意识、逻辑能力等。"近代中国的条约制度"，是我开设的专业方向课，该课程获准列为湖南省级研究生精品课程，主要采取讨论课的方式，旨在培养和提高学生的学术品质和专业能力。

除了在教学中注重启发学生的思维之外，在指导毕业论文的撰写过程中，我比较重视在各个环节中发挥学生的主观能动性。例如，我认为，研究生应具备选择研究论题的能力，一般要求他们在研究方向的范围内自己独立思考选题，然后再与他们进行讨论，予以指导。正是由于这一要求，研究生必须阅读大量论文，查阅各种文献资料，在充分积累和思考的基础上完成这一环节；而通过这一过程，不仅确定了具有可行性的论文选题，更重要的是，研究生本人的专业知识素养和能力得到了提升。

由于在加强思想品德教育的同时，注重能力培养，研究生的专业素质获得显著提高，10余人的论文获得省级优秀博士论文和优秀硕士论文、10余人次获国家奖学金，还有其他各种奖项和荣誉。

正是通过教学培养了一批研究生，并注重能力素质的训练，从而为本方向研究团队的形成奠立了基础。2004年，参加省里一个出版项目的评审时，我认识了湖南人民出版社总编室原主任许久文，聊天时谈到《中外条约与近代中国研究丛书》的设想，他非常赞成，当时就接受了这个计划。湖南人民出版社对这个项目非常重视，申报了国家"十一五"出版规划，又申报了湖南省的文化工程项目。他们把选题拿到北京鉴审，专家们对我们这个选题非常看好。随后在2009年，湖南人民出版社又申报了国家出版基金项目，获得批准。到2010、2011年，丛书出版，一共12册。

这套丛书是我们条约研究的一个重要的标志性成果，反映这一研究进入新的阶段。除了研究内容有新的发展之外，还有一个重要特点，就是重视开展团队研究，并与人才培养结合进来。因为通过这一套书，我们将条约研究的团队力量聚集起来了，成员包括校内外。除了在职人员，还将博士生的论文吸收进来，校内有李传斌、刘利民、尹新华、曹英，校外有李斌、胡门祥、王瑛等。因此，这套丛书的价值不仅在于条约研究本身取得新进展，而且还凝聚形成了一个该领域的研究团队，每个成员在这一领域中又形成了自己的研究方向。

现在我们这个团队已经成长起来，并充实了新的成员，大家都获得了国家和省部级的社会科学基金项目等，也取得了相应的成果。随后我们团队又完成了其他重要项目，如《清季外交史料》(共10册)的点校、《复兴文库》第一编第3卷(共7册)的编辑、《外国人亲历的辛亥革命丛书》(6册)的翻译，以及《近代中外条约关系通史》(7卷)的编写。2019年，我们又以"中外关系史研究生教学团队"申报"湖南省研究生优秀教学团队"并通过。团队又在不断扩大，相信通过团队的力量，在这一领域方向将取得更大成绩。

> **名家问学**
>
> 崇尚学术、笃实求真、自强不息、宽厚兼容。

主要学术成就

著作

《近代中外条约关系通史》（7卷），中华书局，2022年
《晚清中外条约关系研究》，法律出版社，2018年
《中外条约与近代中国研究丛书》（12卷），湖南人民出版社，2011年
《近代中国的条约制度》，湖南师范大学出版社，1995年；湖南人民出版社，2010年
《曾国藩传统文化思想研究》，湖南师范大学出版社，2006年
《中国废约史》，中华书局，2005年

课题

国家社会科学基金重大项目：近代中外条约关系通史，2014年
国家社会科学基金一般项目：晚清条约关系观念的形成及演变研究，2014年
国家社会科学基金一般项目：晚清中外条约关系研究，2007年
国家社会科学基金一般项目：近代中国反对、废除不平等条约斗争史研究，1997年

文章

《晚清对外关系中利益观念的演变》，历史研究，2021年第4期
《近代中外条约研究的话语体系构建》，中国社会科学，2020年第3期
《晚清中外条约关系与朝贡关系的主要区别》，历史研究，2018年第5期
《甲午战争暨〈马关条约〉与中外条约关系的变化》，抗日战争研究，2015年第2期
《中外条约关系与晚清法律的变化》，历史研究，2015年第2期
《晚清时期条约关系观念的演变》，历史研究，2013年第5期
《血写的条约与近代中国》，光明日报，2011年5月19日
《论清政府的信守条约方针及其变化》，近代史研究，2004年第2期
《中国共产党反对不平等条约的历史考察》，中共党史研究，2003年第5期
《论孙中山的"权能区分"》，学术月刊，1987年第11期
《进步党述论》，近代史研究，1986年第2期

朱　汉　民

朱汉民，1954年生，湖南邵阳人。中共党员。现为湖南大学岳麓书院国学院院长，岳麓学者杰出教授，历史学、哲学专业博士生导师。兼任国际儒学联合会荣誉顾问、中华孔子学会副会长、湖南省政府文史研究馆馆员等，"致敬国学——2014首届全球华人国学大典"等学术文化活动的发起人。

从1982年1月开始在岳麓书院工作至今，担任岳麓书院院长20多年，主持岳麓书院文物古迹修复工作，创建中国书院博物馆，牵头申报历史学、哲学两个学科门类学士、硕士、博士三级学位的一级学科学位授予权及其博士后流动站，推动岳麓书院的现代复兴。获评国务院政府特殊津贴专家、全国文化遗产保护先进个人、全国优秀博士学位论文指导教师、新中国70周年百名湖湘人物、首届湖南省优秀社会科学专家，荣获徐特立教育奖等。已经出版著作20多种，发表论文300多篇，主编大型学术丛书、文库、全集多种。

朱汉民先生"学术足迹"示意图

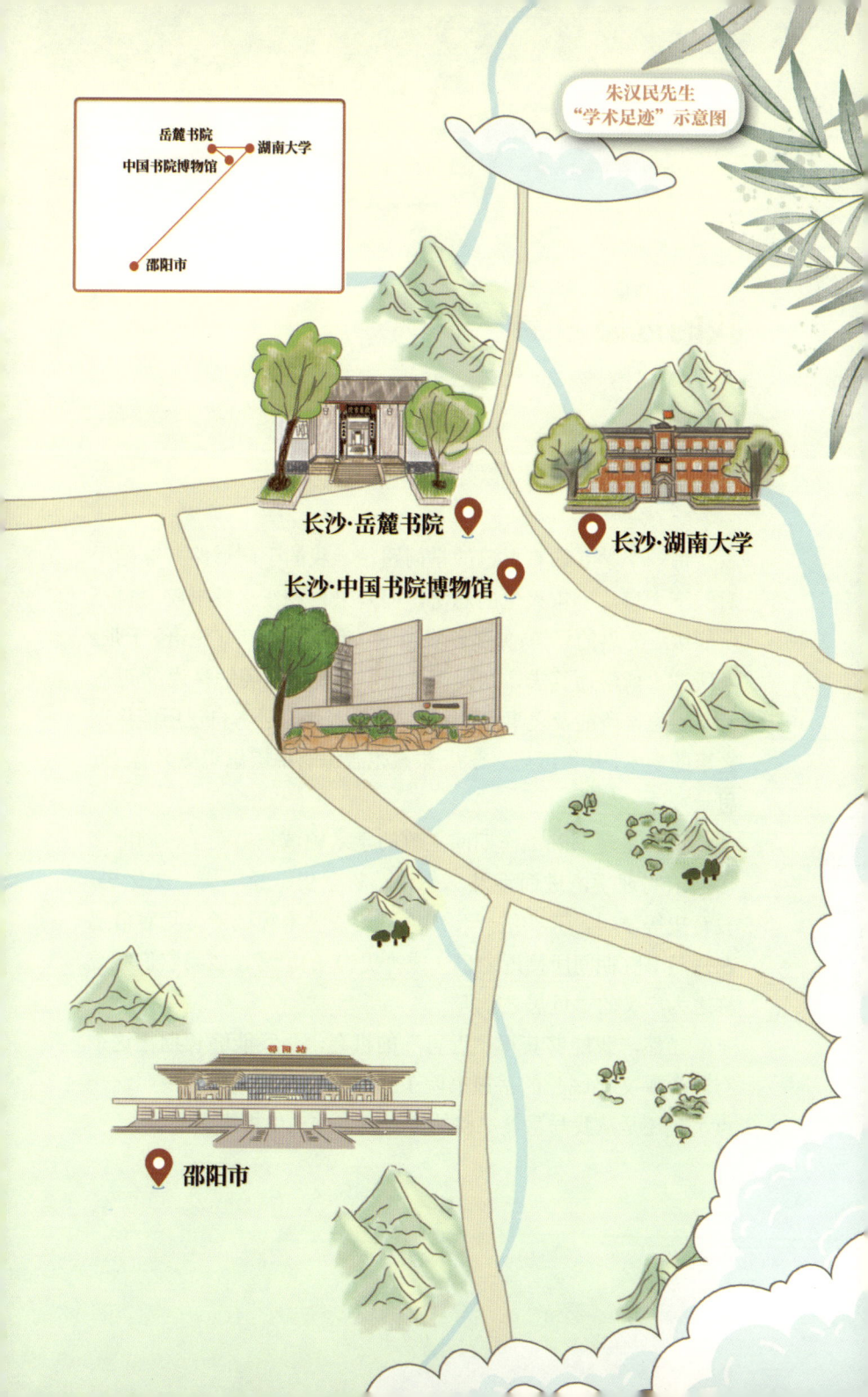

岳麓书院
中国书院博物馆
湖南大学
邵阳市

长沙·岳麓书院

长沙·湖南大学

长沙·中国书院博物馆

邵阳市

我的近思之学

每一个学者均有自己的学问路径，我的学问道路并非始于对天下大事、宇宙人生的思考，而是来自我在岳麓书院对自己所能接近之事的思考，似乎就是所谓"近思之学"。《论语·子张》有所谓"博学而笃志，切问而近思"之说，何晏解释说："近思者，近思己所能及之事。"中国古代学者就近思考自己所能接近之事的学术，是"近思之学"，朱熹也曾编有中国思想史名著《近思录》。

我在岳麓书院工作期间主攻的学术领域是书院学、湖湘文化、宋明理学，进而涉及思想史、哲学史、经学史、文化史、教育史等学科，其实进一步细究，这些学术领域皆是我对自己在岳麓书院期间所接近之事（或"史"）的思考，我将它们统统称之为广义的"近思之学"。

当然，我能够获得"近思"的机会，与我能够长期在这个有着深厚文化底蕴的岳麓书院工作的机缘有关。为了说明这一点，我还是从我与岳麓书院的这一段特殊人生机缘讲起。

寻梦和圆梦的双重追求

1954年，我出生于湖南省邵阳市，我在那个城市经历了童蒙、基础教育、工厂工作的几个阶段。我的青少年岁月大部分在"文化大革命"期间度过，那时我渴望继续读书却没有机会，一直到1977年恢复高考后，我才得以进入湖南大学政治师资班学习。这是一个为本校或相关院校培养政治老师的师资班，但我后来却没有成为湖南大学的政治老师，因我读书期间偏爱中国哲学、中国传统文化，毕业论文也是写战国诸子之学，恰好毕业前湖南大学开始修复岳麓书院，需要一些相关的专业研究人员，于是我获得了到岳麓书院工作的机会。

1982年1月，我拿着工作派遣单去岳麓书院报到，被安排在研究室工作，主要任务是配合岳麓书院古建修复、文物布展开展相关的文史研究工作。从那一年起，我开始在岳麓书院工作，一直延续到今天，一晃竟有43个年头了。回头思考自己的学问道路与研究方向，竟然都与岳麓书院息息相关。

创建于北宋开宝九年（976）的岳麓书院在中国教育史、学术史、文化史上有着重要地位，是中国传统学术和人文精神的典型代表，在文化传承、人才培养、学术研究等方面取得了辉煌的成就。20世纪初，岳麓书院先后改制为湖南高等学堂、湖南大学。"文化大革命"后，岳麓书院成为破败的古书院旧址。记得1978年2月我刚进入湖南大学学习，与其他同班新生在学校老师的引领下参观校园时，我第一次看到岳麓书院旧址。依稀记得当时的院落十分破旧、杂乱，几乎成了教职工的宿舍，还搭建有一些临时厨房、杂屋。但是那一天我内心十分兴奋，因为我得知就读的湖南大学前身竟然是延续一千多年的古代书院，朱熹等许多著名学者、教育家曾在此讲学。那时我当然不会想到，未来的我将为"他"工作一辈子，致力于这一所古老学府的现代复兴。

后来许多人都说我很幸运，能够在一个自然、人文环境这么优美、文化底蕴这么深厚的地方工作，大家都认为我实现了一个读书人的梦想。但是如果回顾我刚到岳麓书院工作时的境况，以及我在岳麓书院艰难创业的过程，相信大家就不会仅仅以"幸运"来理解这个特别的机缘。

我最初到岳麓书院报到的时候，这里总共只有十几个工作人员，工作内容几乎都是围绕古建筑的修复管理，大家全都挤在一间即将拆迁的房间办公，而且很长一段时间内，学校也并没有将我们列入教学科研编制。当初我们的主要工作包括拆迁、筹钱、施工、布展，同时还要到校外的图书馆查阅与岳麓书院有关的历史文献资料。我记得当时同班留校的同学们都在从事与专业有关的教学科研工作，而我最初几年基本上是做一些随叫随到的杂事。

一直到几年后，岳麓书院文化研究所正式成立，相关拆迁、修复、布展工作取得一些进展后，我才逐渐将主要工作精力放在与岳麓书院有关的学术研究方面。大概在书院工作3年多后，我承担了《岳麓书院史略》的约稿项目写作，后来又主动向教育科学出版社申报了"湖湘学派与岳麓书院"选题。我利用前期的资料准备工作，开始从事与岳麓书院、湖湘文化相关的研究，陆续发表了一系列学术论文，也出版了几部专著。当时岳麓书院专业科研人员很少，我逐渐成为其中的教学科研骨干。

随着自己学术成果的积累，我逐渐感受到在岳麓书院工作的机会难得。一个读书人的人生梦想，就是希望自己能够找到一个安顿身心的读书处，而岳麓书院这座幽静、古朴的院落，正是读书人最理想的读书处。2010年10月15日，我为《光明日报》的《中华文化地标》专栏开篇写了一篇有关岳麓书院的散文，就提到岳麓书院为什么凝聚了一代代读书人的梦想，这离不开许多为建设岳麓书院作出贡献者,他们"不仅自己是寻梦人,更是别人的圆梦者"。没有一代代人为岳麓书院的建设、延续、发展作出的贡献,就不可能有千年学府的历史延续。我在经历艰苦创业之后对此感受很深,特别是我后来成为岳麓书院负责人之后,一直希望自己能够成为帮助其他读书人的"圆梦者"。要做到这一点,就必须全面复兴岳麓书院的教育、学术功能,以接纳更多的读书人来此读书和成长。

我于1992年被湖南大学正式任命为岳麓书院文化研究所副所长,1994年底开始担任研究所所长(到2004年恢复院长建制,我正式担任院长),开始全面主持岳麓书院的学科建设、教学科研、文物旅游、行政管理工作。现代大学的学院院长,其实是"双肩挑"岗位,一方面承担教学科研职责,另一方面承担行政职责。但是岳麓书院院长与一般学院院长不同的是,除了承担岳麓书院教学、科研、学科建设的管理职责外,还要承担岳麓书院的文物保护、古建修复、对外开放等一系列行政管理职责,后来还承担了中国书院博物馆的基础建设工作。我将自己担任岳麓书院院长的管理工作,无论是学科建设还是文物建设方面,均理解为"圆梦者"的角色。我希望岳麓书院成为更多读书人实现自己读书梦想的地方,并努力做了如下事情。

其一,全面完成岳麓书院文物古迹的修复重建和中国书院博物馆的建设。在我担任负责人之前,岳麓书院文物古迹已经在前任所长特别是杨慎初教授的主持下开始大面积修复。我前期虽然也参与其中,但是直到1994年底,我开始全面主持院务工作,才主要负责岳麓书院的文物修复、旅游管理工作。文物古迹修复从1981年开始,一直到2006年才全部完成,修复了26年之久。刚开始全面主持书院工作时,经费严重缺乏,我不得不用大量的时间和精力发展旅游,通过发展旅游筹集文物修复经费,利用旅游收入修复文物古迹。我一方面进一步开展文庙、

■ 恢复岳麓书院释奠礼

■ 岳麓书院邀请星云大师（左四）演讲，并获得星云大师对中国书院博物馆的资助

专祠、陈列室等开放部分的展览布展工作，丰富了面向游客的岳麓书院展览内容；另一方面重新修复了历史上原有的文昌阁、明伦堂、崇圣祠、屈子祠等重要古建筑，将其作为书院教学、科研的师生活动区域。初步解决书院既要开放旅游，又要教学、科研的多重需要，也完整恢复了岳麓书院历史悠久、规模宏大的古代书院规模。

为了全面展示中国书院文化，在校领导的支持下，我积极向国务院、教育部、国家文物局申报中国书院博物馆的建设项目。当时同样面临资金不足等种种严重困难，为了筹措资金，我一方面向社会请求支持，得到星云大师的首笔建设经费资助；另一方面继续发展旅游产业，并通过文化产业获得收入。由此，我们筹措到经费，完成了中国书院博物馆的馆舍和历史陈列的建设工程。中国书院博物馆是湖南省第一家国字号博物馆，也是国内第一家中国古书院专题博物馆；博物馆内还增设学术报告厅、会议室，实际上增加了岳麓书院的教学、科研设施，满足了文物展览与教学、科研等多重发展需要。

其二，全面恢复岳麓书院的人才培养功能，深入推动岳麓书院的学科建设。岳麓书院要实现现代复兴，需要将这一古老学府纳入现代高等教育体系之中，故而需要加强与书院相关的学科建设。1990年，在陈谷嘉教授的主持下，岳麓书院获得专门史硕士学位授权，并于1991年开始招收硕士研究生。为了提升岳麓书院的办学层次，扩大岳麓书院的办学规模，岳麓书院必须在学科建设方面取得重大突破和发展。我一方面努力提升本院学术水平和能力，进一步拓展硕士点，2000年和2003年分别增加了中国古代史、中国哲学两个不同门类的硕士学位点；另一方面加大人才引进力度，组建博士点的学术团队。在2003年，我们的不懈努力终于收获回报，由我领衔申报的专门史博士学位授予权获得国务院学位办批准。一所千年书院恢复教学并获得博士学位授予权，立即引起社会各界的广泛关注，中央电视台《新闻联播》、新华社等媒体纷纷发布新闻。此后我们一鼓作气，继续加大学科建设的力度，推动历史学、哲学学科博士点、博士后流动站的建设。在后来的一段时期内，我继续领衔申请并获得历史学学士、硕士、博士三级学位的一级学科学位授予权及其博士后流动站。与此同时，我还领衔申报了哲学门类三级学位的一级学科学位授予权及其博士后流动站，从而完成了岳麓书院中国史、哲学两大门类的学科体系建设。随着岳麓书院的办学模式日趋完善，目前书院在读本科生、硕士研究生、博士研究生与博士后研究人员共计580多人。

其三，发展岳麓书院的学术研究，打造一个在国内有重要地位的公共学术平台。随着学科建设的发展，人才吸引力进一步强化，岳麓书院逐渐形成了自己的研究特色。我本人的几个研究领域，如宋明理学、书院文化、湖湘文化等，一直是岳麓书院有特色的研究方向，也是岳麓书院从事学科建设、人才培养的重要方向。另外，岳麓书院在许多其他重要学术领域也逐渐形成优势和特点，特别是中国经学史、简帛学等，在国内学术界均有一定地位。为了将岳麓书院打造为面向国内外的国学研究、传统文化交流的公共平台，进一步推动正在蓬勃发展的国学向前发展，我在湖南省委宣传部的支持下，在岳麓书院成立了国学研究与传播中心（国学研究院），这是一个开放式的公共学术平台，面向国内外开展国学讲座、课题招标、成果评奖等。我还与同仁一道策划和推动岳麓书院与凤凰网、凤凰卫视联合举办"致敬国学——2014首届全球华人国学大典"大型学术文化活动，活动迅速吸引海内外各界人士的关注，学术界、文化界反响之大，参与热情之高，远超我们的预期。

岳麓书院复兴是一个关系到文化传承与创新的重大文化工程，受到文化界、教育界及海内外媒体的广泛关注。岳麓书院

■ 朱汉民（左一）与历史学家许倬云在"千年学府论坛"上会讲

的复兴不仅架起了连通古今教育的桥梁，同时也对现代教育改革和发展有积极的启发、借鉴和推动作用。我很高兴自己能够参与到岳麓书院的现代复兴事业中来，推动了岳麓书院与现代高等教育的有机融合，为中国传统书院的现代复兴树立了一个典范。这在实现中华民族伟大复兴之际，有着特别重要的历史意义。与此同时，我个人学术研究领域的形成，也恰好与岳麓书院密切相关，是我在岳麓书院工作所能接近之事的"近思之学"，下面分别作介绍。

近思之学一：书院学

我是第一个被分配到岳麓书院研究室工作的研究人员，最初几年主要从事与岳麓书院相关的文献、文物资料整理与研究。当时院里安排我做的第一份工作，就是搜集、整理与岳麓书院有关的文献、文物资料。因为本校文史资料奇缺，我最初除了到本省各大图书馆搜集、抄写文献资料外，还整理岳麓书院现存碑刻文字资料，当时还将这些资料发表在岳麓书院研究室主编的学术刊物《岳麓书院通讯》（1984—1985年）上。这应该算是我对岳麓书院研究的第一步基础工作。

1984年，原来的岳麓书院研究室升格为岳麓书院文化研究所，1985年岳麓书社总编辑锺叔河向岳麓书院文化研究所约稿，计划出版一本岳麓书院简史。所长杨慎初将执笔任务交给我和同事邓洪波，初出茅庐的我们成为《岳麓书院史略》的年轻作者之一。这本书是书院院别史研究的开山之作，记得中国教育家毛礼锐在本书的序言中写道："历史上有人曾用'惟楚有材，于斯为盛'赞誉过岳麓书院。今天，我想把这一赞语改为'惟楚有材，于今为盛'，以表达我的心愿和对青年同志的期望。"这本书也成为我们作为"青年同志"的学术起点。不久后，该书还获评湖南省首届社会科学优秀成果二等奖，这应该是对我们年轻学人的最大鼓励。

我在《岳麓书院史略》的写作过程中，发现还有许多值得进一步深入研究的课题，特别是岳麓书院与湖湘学派以及相关的教育传统、人才群体的关系，非常值得进一步深入研究。

■ 韩文版《湖湘学派与岳麓书院》

1986年底，当我听说教育科学出版社正拟出版一套《中国教育史研究》丛书，便马上向丛书编委会申报了"湖湘学派与岳麓书院"的选题，希望将书院史、学术史和地域文化史结合起来研究，这一选题得到丛书编委会的肯定。我充分利用自己搜集整理的岳麓书院文献资料，开始了新的课题研究，两年多后完成了《湖湘学派与岳麓书院》一书的编写。应该说，这本书是我从事书院学研究的开始，该书突破了过往将书院学研究仅仅归为教育史范畴的局限，将书院教育与理学学派、地域文化结合起来，对当时正在兴起的书院学研究产生了一定影响。记得后来华东师范大学教授李国钧主持全国教育科学"七五"规划教育部重点课题"中国书院史"时，就非常重视书院史和学派史的研究，全书的主要章节均是以书院史和学派史的关系布局的，他约我将自己的成果也纳入那一本厚实的著作之中。

完成两本岳麓书院的专著后，我开始将书院学的研究拓展到中国书院史的研究与写作中。我不仅陆续发表了一些书院学的论文，同时也应一些出版社约稿，出版了几本书院文化的著作，其中包括《中国的书院》（任继愈主编《中国文化史知识丛书》之一，商务印书馆1991年）、《长江流域的书院》（合著，季羡林主编的《长江文化研究文库》之一，湖北教育出版社2004年）、《中国书院文化简史》（中华书局、上海古籍出版社2010年）、《书院精神与儒家教育》（华东师范大学出版社2013年）等。这些书院学论著得到学界的充分肯定，产生了一定的学术影响。如相关书院学论文中有3篇文章被《新华文摘》全文转载，《湖湘学派与岳麓书院》被韩国列为引进外文重要学术著作，被韩国的教授翻译成韩文，由韩国学古房（首尔）于2011年出版。《书院精神与儒家教育》于2023年被全国哲学社会科学工作办公室列入国家社会科学基金中华学术外译项目，正在被中外学人翻译成英文、日文、韩文，将在国外出版发行。

朱汉民（左三）接受"岳麓书院口述史"课题小组采访

　　为了全面展开对书院史的研究，应湖南大学出版社的约稿，我还主持《中国书院通史》（4卷）的编写工作，并成功入选国家出版基金资助项目。该书最终由我和邓洪波教授共同主编完成，我在《中国书院通史》的总序中提到，我和邓洪波教授"从共同撰写第一部岳麓书院的历史，再到共同主编第一部中国书院的通史，经历了38年的学术岁月。从小册子《岳麓书院史略》到《中国书院通史》（4卷）的出版，其著作规模、学术内容、作者队伍完全不同了。岁月不饶人，而我们似乎仍在不知老之已至地从事自己喜爱的学术工作"。可见，从学术入门到今天，书院学一直是我的"近思之学"。

近思之学二：湖湘文化

　　我的第二个学术研究方向是湖湘文化，同样是我在岳麓书院形成的近思之学。岳麓书院本来就是拥有湖湘文化历史积淀的著名学府，故而成为湖南人特别向往的湖湘文化精神圣殿。我在岳麓书院工作后，从参与搜集岳麓书院文献资料，再到写作《岳麓书院史略》《湖湘学派与岳麓书院》，其实都是在思考、研究湖湘学术与湖湘教育问题。所以我后来能够将湖湘学派研究拓展为湘学史、湖湘文化的研究，在湖湘文化领域完成了一系列论著，并一直担任湖南省湖湘文化重点研究基地首席专家。

我对湖湘文化的研究始于对宋代湖湘学派的研究。因为岳麓书院是湖湘学派的重镇，在我写作《岳麓书院史略》时就将湖湘学派列为专门篇章展开研究。我后来承担和完成的《湖湘学派与岳麓书院》一书对湖湘学派的历史形成、代表人物、演变发展、历史影响进行了全面系统的研究。之后我将自己对湖湘学派的研究，进一步拓展为对湘学史、湖湘文化的研究，先后出版《湖湘学派与湖湘文化》《湘学原道录》、担任《湖湘文化大观》执行主编、主编《湖湘文化名著读本》系列丛书、担任《湖湘文库》编委会副主任，在海内外发表湘学史、湖湘文化史相关学术论文数十篇。

有了这些研究基础，我希望进一步展开对湖湘文化全面而系统的研究，故而积极申报国家社会科学基金重大项目。2010年，国家社会科学基金重大项目（第二批）招标，公告中的"地域文化研究"课题方向是一个将湖湘文化研究提升到国家社会科学研究规划最高层次的机会，我马上组织省内学者申报国家社会科学基金重大项目"湖湘文化通书"并成功获批。经过5年的潜心研究，项目终于顺利结题，相关成果受到专家的高度评价。"湖湘文化通书"项目的最终出版成果有三项：其一，我主编的《湖湘文化通史》5卷300万字，被列入"十二五"国家重点图书出版规划、国家出版基金资助项目，由岳麓书社出版。这是迄今为止对湖湘文化从萌芽、形成，到发展、壮大的过程最全面且权威的分析总结和评述。其二，我独著的《湘学通论》共30万字，由高等教育出版社出版。该书以"地域学统"为学术目标，对延续一千多年的湘学作了系统研究，对许多模糊不清的学术问题作出有思想深度的解读。该书一经出版即受到学界关注，《中国社会科学报》《湖南日报》记者作了专访，《光明日报》刊发了该书导言。其三，我独著的《文化·学术·人格——湖湘文化历史建构论》共50万字，将由中华书局出版，该书是由"湖湘文化历史建构论""湘学学术旨趣论""湖湘士人精神气质论"三个篇章组成，分别从不同方面通论湖湘文化建构过程及主要特色。

国家社会科学基金重大项目"湖湘文化通书"的结题成果，受到盲审专家的高度评价。这个项目对湖湘文化作了"通"的研究，不仅是对湖湘地域文化漫长历史的贯通性研究，系统地梳理了湖湘文化的历史源流，对上古、中古、近古、近代不同阶段的湖湘文化历史作了贯通性研究，同时打通湖湘文化中的精英文化与通俗文化、有形文化与无形文化、人文文化与科技文化等不同要素和层面，以完整地研究、展现丰富多彩的湖湘文化。特别值得一说的是，这些研究将湖湘文化历史纳入中华文化发展史的大背景下作宏观的思考，既强调湖湘文化是中华文化体系的组成部分，又特别强调湖湘文化对中华文化的杰出贡献。这个项目的研究成果不仅是省内学界关于湖湘文化研究的标志性成果，也成为国内具有示范性的地域文化研究成果。其中《湖湘文化通史》5卷本获得湖南省社会科学优秀成果一等奖、湖南出版政府奖，《湘学通论》获得高等学校科学研究优秀成果奖（人文社会科学）二等奖，该书还入选国家社会科学基金中华学术外译项目。

近思之学三：宋明理学

　　宋明理学是中国思想发展的高峰，也是中国哲学的典型形态。对我而言，宋明理学其实也是我的近思之学。在历史上岳麓书院一直是宋明理学的重镇，岳麓书院讲堂悬挂的"学达性天""道南正脉"匾额，不断激发我对宋明理学思想内涵的思考。我在最初从事《岳麓书院史略》《湖湘学派与岳麓书院》的写作时，就开始了对宋明理学的思考与研究。在研究湖湘学派的过程中，我对宋明理学的学术兴趣更加浓厚，博大精深的宋明理学特别能激发我对中国传统思想的思考与研究的兴趣，于是我将其确立为自己的长期研究方向。

　　我的宋明理学研究计划是逐渐形成的：一方面，我将对湖湘学派的研究进一步拓展为对宋明理学其他学派、人物的研究，并陆续出版《宋明理学通论》、《旷世大儒——朱熹》、《中国思想学说史》（张岂之是丛书主编，我担任宋元卷主编）、《宋学·理学·心学：朱汉民学术论集》等著作，全面展开对宋明理学史的研究。另一方面，我认为要深化对宋明理学的研究，需要从一些特别的视角和专题入手，我曾先后向全国哲学社会科学工作办公室申报了"宋代《四书》学与理学""玄学与理学的学术思想理路研究""四书学与中国思想传统的重建和整合研究"等项目，并顺利入选国家社会科学基金项目。这几个国家课题的获批与完成，标志着我在宋明理学领域有了自己的学术特色。

　　宋明理学一直是中国哲学界的研究热点，如何进一步深化对宋明理学的研究，特别是如何准确把握理学作为宋代新儒学的思想特点，我认为可以进一步从经学史角度研究理学。我与肖永明共同完成的《宋代〈四书〉学与理学》，就是以《四书》学作为切入点来研究理学，探讨理学思想与经学之间的关系。

我们努力从中国经典诠释学的角度，探讨理学家《四书》学的诠释方法、学术成就与思想贡献。《四书学的思想世界——宋学的经典转型与思想重建》是一部以《四书》学为中心的中国思想史著作，书中对宋学的经典转型与思想变革作了历史学考察。唐宋变革中士大夫群体崛起，创造出一种崇尚"明体达用""内圣外王""义理之学"的"士大夫之学"。但是，自从熙宁新政失败以后，宋学主流明显开始内圣化的演变和转向。宋儒集中追求"内圣之道"，提升了《四书》学的地位。宋代士大夫对内圣问题的关注，推动了《四书》学的发展，使宋代《四书》学成为士大夫内圣之道、身心之学的经典依据。他们通过对《四书》的宋代诠释，使得这些儒家价值观念由人道上升到天道，重建了中华文明的核心价值观念，由此推动中国思想传统的重建。儒家士大夫将这一重要思想变革的成果，整合为包括帝王、士大夫、民众在内的社会思想。宋儒通过书院教育、经筵讲学、蒙学教育、家训家范等不同形式，推动《四书》思想的整合。本书是对中国传统思想史的研究，对当代中华文明复兴具有十分重要的启示意义。

魏晋玄学与宋明理学是中国思想学术史上的两大思潮，对于玄学与理学内在关联的研究，学术界还较少涉及。我申报的"玄学与理学的学术思想理路研究"课题，主要运用内在理路、谱系学、比较哲学的方法，通过"人格理想—身心之学—性理之学"的架构，肯定了玄学与理学之间的思想理路。宋明理学家热衷于探讨"孔颜乐处"的精神境界，追求一种自由自在、恬淡自适的圣人气象，这显然是受魏晋风度的影响。宋儒的圣贤气象是对魏晋风度的继承和发展。魏晋名士在建构个体生存哲学时，强调人的身与心、形与神是相互依存、相互渗透的。宋儒的身心之学包括个体存在与道德修身双重含义，魏晋名士的身心观念影响了宋儒的身心之学，为宋儒解决个体人生哲学提供了重要的思想资源。玄学家们对先秦诸子讨论的性、理概念作出了哲学上的提升，初步奠定了"性理之学"的思想框架和思维模式。两宋的儒家学者不仅正式使用"性理之学"的名称来概括、表述自己重新建立的学术思想体系，而且在思想的深刻性、学术的系统性、理论的完整性方面完善了性理之学。与此同时，本课题还从经典诠释学的角度，通过玄学与理学对《论语》《周易》的诠释，分析与证实了玄学与理学之间的学术脉络。我将王弼的《周易注》与程颐的《伊川易传》进行对比，发现这两大家的义理"易"学之间学脉相承，故而从《周易》义理学的建构过程和思想特色的角度，厘清了宋儒的义理"易"学与玄学的义理"易"学之间的传承、发展关系。

"宋代《四书》学与理学"项目结题后，受到评审专家高度赞扬，本已入选第一批《国家哲学社会科学成果文库》，后来因我们修订交稿稍晚而未能赶上出版。但该成果一直得到学界的高度评价，先后获得湖南省社会科学优秀成果一等奖、高等学校科学研究优秀成果奖（人文社会科学）二等奖。《玄学与理学的学术思想理路研究》著作入选 2011 年度《国家哲学社会科学成果文库》，这是湖南首部列入这一文库的社科著作。本成果还先后获得湖南省社会科学优秀成果一等奖、高等学校科学研究优秀成果奖（人文社会科学）二等奖，入选国家社会科学基金中华学术外译项目，已由中外学者翻译成日文、韩文、英文分别出版。同时，国际艺术与人文核心期刊（A&HCI）《中国哲学（Journal of Chinese Philosophy）》杂志还约我撰写了 Neo-daoism And Neo-Confucianism: Three Common Themes（《新道家与新儒家的三个共同主题》），全面介绍本书在中国哲学领域的研究成果。A&HCI 期刊《哲学与文化》2017 年第 3 期也受到本书的影响，专门以"玄学与理学"为主题出版了一个刊物专辑。

近思之学四：中国思想史与中国哲学史

　　中国传统学术有"下学而上达"的传统，所谓"下学"其实与"近思"的意思接近，"近思""下学"之后还必须"上达"，然而"上达"的层次、境界是不同的，"上达"的最高境界是"天道"，即岳麓书院讲堂匾额"学达性天"。司马迁追求的"究天人之际，通古今之变"，其实就是上达"天道"的最高境界，这当然是我心向往的最高境界或最终目标。但是可能就现实而言，我只能退而求其次，在书院学、湖湘文化、宋明理学的研究基础之上，进一步有学术与学科的上达。譬如我从事书院学研究，不仅仅探讨中国教育史角度的书院，同时也通过书院教育的特殊视角考察中华文明的形态和历史。我由思考书院教育开始，进而关注传统书院在中华文化史的重要地位和特殊形态，深入到书院教育蕴含的中华文明精神内核，并由此进一步思考与此相关的一系列问题：中国书院制度与中国传统政教文明、中国书院精神与士大夫精神传统、中国书院教育传统与中国学术传统的互动关系等。通过对中国书院历史的深度考察，了解书院与中国思想史、中国社会史、中国文化史的演变发展。

　　我的宋明理学研究也是如此。我并不仅仅将宋明理学看作是中国哲学的断代形态，而是从中国思想史、中国哲学史的演变发展来考察其形成、演变和发展。我的《玄学与理学的学术思想理路研究》，不仅从义理系统、经典诠释等方面考察玄学与理学的内在理路，同时进一步思考中国思想史的连续性问题。思考和追溯宋代理学形成的思想原因，会发现玄学与理学具有学术思想的渊源关系，能够体现出中国思想史的阶段性与连续性的统一。通过对玄学与理学内在理路的研究，最终指向对中华文化如何得以形成一个源远流长、没有中断的独特系统的理解和解释。

在此基础上，我进一步申报了国家社会科学基金重大项目"宋学源流"。我一方面希望继续探讨宋学作为儒家义理之学的深刻哲学意蕴，充分运用经典诠释、比较哲学的哲学研究方法，以进一步探讨宋学"究天人之际"的深刻义理，展示其探索宇宙与人生之联系的中国哲学特点，由此进一步探讨现代中国哲学学科建设的理论问题。另一方面，我也运用史学学科视域和研究方法，以厘清宋学的学术传承与历史脉络。在考察宋学的相关文献和历史进程的基础上，运用文献诠解、历史分析、内在理路、知识谱系的方法，对宋学作溯源式的历史考察，探讨先秦儒家及诸子、两汉经学、魏晋玄学、隋唐佛学等各种学术形态对宋学的影响，以论证宋学为什么是中国传统学术的发展高峰。"宋学源流"还关注宋学分化、传衍的历史进程，探讨宋学与元明清时期以及民国时期不同学术思潮的学术脉络与思想传承。这些研究，也是希望探讨出中华文化如何得以形成一个没有中断的独特系统的缘由。

可见，在我40年的学术生涯中，我的近思之学其实也是在不断"上达"。如近20年内国家启动了两项历史类重大学术文化工程，我有幸都参与其中。一项是国家清史纂修工程，我担任《国家清史编纂委员会·文献丛刊·湘军》（10卷）的主编之一。我与丁平一教授主持的学术团队共同努力，历时8年完成，出版后受到学界高度评价，被评为全国优秀古籍图书奖一等奖。另一项是党中央批准启动的国家级重大学术工程——《（新编）中国通史》纂修工程，已列入国家"十四五"规划中的"社会主义文化繁荣发展工程"。该项目由中国社会科学院中国历史研究院牵头组织实施，实行分卷主编负责制。经中央批准，由我担任《（新编）中国通史·中国思想史卷》主编。我认为，中国思想史作为一套新的学术体系与价值体系，是20世纪中国在特殊政治处境下的一百年内产生出来的。如今，一百年已经过去，我们应该站在人类历史的宏大和悠远的视角，再对自我文明作深度反思。作为文明自觉的中国思想史研究，应该对中国思想的客观性与主体性、特殊性与普遍性、多元性与一体性、阶段性与连续性等问题，重新作出既有时代特点、又有恒长历史价值的学术回应。

　　我今年虽已年届七十，早就不再承担行政管理的职责了，但是我仍在做喜爱的读书、教书、写书之事，还在指导十几个博士生。就最近的学术研究而言，我一方面正在承担《（新编）中国通史（中国思想史卷）》与"宋学源流"项目的研究和写作；另一方面，我近年主持的两个国家出版基金资助项目成果《王闿运全集》（37册）、《中国书院通史》（4卷）相继出版。同时，我原来主编的《湖湘文化通史》（5卷）、《湖湘文化名著读本》（5卷）以及《湘学学统与中华道统》等湖湘文化方面的著作也正在重新修订出版中。尽管我的工作越来越繁忙，但是我并没有感到特别辛苦，相反，这一种与书结缘的生活，能够使我感到生命的充实、快乐和意义。

> **名家问学**
>
> 　　这一种与书结缘的生活，能够使我感到生命的充实、快乐和意义。

主要学术成就

著 作

《文化·学术·人格——湖湘文化历史建构论》,中华书局,2025 年
《四书学的思想世界——宋学的经典转型与思想重建》,中国社会科学出版社,2024 年
《国学与书院》,人民出版社,2021 年
《湘学通论》,高等教育出版社,2016 年
《儒学的多维视域》,东方出版社,2015 年
《经典诠释与义理体认——中国哲学建构历程片论》,新星出版社,2015 年
《玄学与理学的学术思想理路研究》,中国社会科学出版社,2012 年;(繁体版 2011 年由台湾大学出版中心出版发行;英、日、韩文版,在美、日、韩等国发行)
《湘学原道录》,中国社会科学出版社,2002 年
《中国的书院》,商务印书馆,1991 年;《中国的书院》(繁体版),台湾商务印书馆、香港商务印书馆,1993 年
《湖湘学派与岳麓书院》,教育科学出版社,1991 年;《湖湘学派与岳麓书院》(韩文版),韩国学古房(首尔),2011 年

主 编

《王闿运全集》(38 卷),岳麓书社,2024 年
《湖湘文化通史》(5 卷),岳麓书社,2015 年(初版);2023 年(修订版)
《国家清史编纂委员会·文献丛刊·湘军》(10 卷),社会科学文献出版社,2013 年

课 题

国家重大学术文化工程项目:《(新编)中国通史(中国思想史卷)》主编,2020 年
国家社会科学基金重大项目:宋学源流,2019 年
国家社会科学基金重点项目:四书学与中国思想传统的重建和整合研究,2015 年
国家社会科学基金重大项目:湖湘文化通书,2010 年
国家社会科学基金一般项目:玄学与理学的学术思想理路研究,2007 年
国家重大学术文化工程项目:《国家清史编纂委员会·文献丛刊·湘军》主编,2003 年

欧阳友权

欧阳友权，1954年生，湖北竹溪人，文学博士，中南大学网络文学研究院院长，二级教授，博导，中南大学文学院创始院长，国家教学名师，全国模范教师，中国作协网络文学委员会副主任，中国作协网络文学中南大学研究基地主任、首席专家，湖南省作协名誉主席，湖南省优秀社会科学专家，享受国务院政府特殊津贴专家。湖南省优秀教学名师，湖南省德艺双馨文艺工作者，湖南省十大文化人物，荣立湖南省委、省政府一等功、二等功各1次。

出版《网络文学论纲》等著作35部（含主编），主编网络文学理论丛书7套，发表论文400余篇，其中网络文学理论评论文章282篇。曾获第四届鲁迅文学奖，高等学校科学研究优秀成果奖（人文社会科学）（连续4届），湖南省社会科学优秀成果奖一、二等奖（5次），首届湖南省文学艺术奖，中国文联文艺评论奖一等奖和全国宝钢优秀教师奖。

欧阳友权先生"学术足迹"示意图

- 竹溪县
- 汉江师范学院
- 武汉大学
- 四川大学
- 中南大学
- 澳门城市大学

十堰·汉江师范学院

十堰·竹溪县

成都·四川大学

武汉·武汉大学

长沙·中南大学

澳门·澳门城市大学

我为什么研究网络文学？

以 2000 年发表第一篇网络文学研究文章为界，我的学术之路大体可分为前后两段：

此前主要从事文艺理论教学和研究，撰写的第一篇理论文章《文艺批评标准的思考》是在 1980 年，那时我还在读大三；此后便把学术重心放在了网络文学研究。

然而，我在文学研究界，特别是高校文学学术圈，为人所熟知、所认可的还是我的网络文学研究。

这是为什么呢？回顾自己几十年的学术历程，或许有一些值得反思和总结的地方与大家分享。

职业境遇锚定学术选择

1994 年，我从湖北的一所高校作为引进人才来到中南工业大学（今中南大学）任教，学校希望我牵头创办中文系。

那时我是一名副教授，但有一个"湖北省有突出贡献中青年专家"的头衔。我本来在社科系中文教研室工作，时值教研室主任退休，于是我一来就当了全室 5 位老师的"头儿"。

半年后，我被任命为社科系副主任，分管科研工作，兼中文教研室主任，就此开启了在新"娘家"的职业生涯。

那时的中南工业大学文科刚起步，学校给我的任务是尽快创办汉语言文学本科专业，为发展基础文科打基础。

我们人少底子薄，一张白纸，一切从头开始：引进老师、购买图书、调查就业市场、起草培养方案、设置课程体系、敲定或编撰课程教材……终于在 1997 年申报汉语言文学本科专业，获教育部批准，1998 年第一届本科招生，我这个搞中文的人终于有了自己的专业，心中自然欣喜。

随之，学校把社科系与法律系合并为文法学院，我负责的中文教研室升级为中文系，隶属于文法学院，我被任命为文法学院副院长兼中文系主任。

2000 年，中南工业大学与湖南医科大学、长沙铁道学院合并组建为中南大学，中文系成功申报"文艺学"硕士点。同年，校领导为扶持新办的中文学科，把我遴选为博士生导师，挂靠到工商管理学科招收文化产业博士生。

2002 年 7 月，中文系从文法学院独立出来，组建成立文学院，我担任文学院首任院长，并连任 3 届，在院长位子上干了 12 年。

有了专业，有了学院，我这个"带头大哥"就要考虑学科发展大计，谋划学院的未来发展。如何让一个新创办的学院在激烈的学科竞争中赢得一席之地呢？

那时我们文学院只有"十几个人，七八条枪"，基础薄弱，实力不济，除了背靠"985"的中南大学，我们拿什么去和别人竞争？

这时，恰逢互联网在我国兴起，网络文学处于萌芽期，我对网络文学理论与评论有所涉猎，发表的几篇论文反响较好。

2001 年我申报的"网络文学对文学基础理论的影响研究"获批教育部人文社会科学"十五"规划项目，2002 年申报的"网络对文学发展的影响与对策研究"获批国家社会科学基金项目，它们均属网络文学研究领域在这两类国家重要项目中的首次立项。

尝到了涉足新领域的甜头，我便预感到网络文学研究也许可以作为我们学科未来发展的一个研究方向。

我和几位院领导谈了我的想法，得到大家认可，班子成员很快达成共识：在一个工科大学里办文科，必须走"差异化发展、错位式经营"的特色建设之路，即不在传统学术领域与他人比高低，而是在新兴学科、交叉学科或边缘学科上做文章，以"人无我有、人有我强、人强我特、人特我绝"的"田忌赛马"策略，形成后发优势。

中国语言文学属于积淀深厚的传统国学，老牌的综合大学和师范类院校一般都有强大的中文系或文学院，如果我们把重心放在《诗经》《楚辞》《红楼梦》，或莎士比亚、托尔斯泰、卡夫卡这些传统研究领域，不仅无法赶上武汉大学、南京大学、山东大学这些老牌综合大学，就连隔壁的湖南师范大学文学院我们短期内也难以望其项背。锚定发展方向后，便立马开始行动。

2003年我们成立了全国第一个网络文学研究所，组建了一支由教授、副教授、讲师和年轻博士构成的网络文学研究团队；同年在人民文学出版社出版了我国第一部以"网络文学"命名的理论专著《网络文学论纲》；随之组织团队完成了我国第一套网络文学理论丛书《网络文学教授论丛》（中国文联出版社2004年），包括《网络文学本体论》（欧阳友权），《网络文学批评论》（谭德晶），《网络叙事学》（聂庆璞），《网络文学的民间视野》（蓝爱国、何学威），《网络文学禅意论》（杨林）等一套5本。

2004年，"湖南省网络文学研究基地"在我院挂牌，湖南省哲学社会科学规划基金办公室每年给基地提供一个委托研究项目，并给予经费资助。

几年下来，我们团队成员差不多人人手中有项目、笔下有

欧阳友权在广东网络文学作品研讨会上发言

成果。2012年，我们创建湖南省网络文学研究会，获湖南省民政厅审批通过；2013年牵头组建中国文艺理论学会网络文学研究分会，我院是会长单位和秘书处单位；2016年4月，中国作家协会网络文学委员会中南大学研究基地落地，2019年增选为中国智库索引（CTTI）来源智库。

从2004年在长沙举办"网络文学与数字文化"学术研讨会开始，我们每年举办一次全国性网络文学研讨会或网络文学国际高峰论坛，每次会议或论坛都设置不同的网络文学论题。

随着网络文学不断升温，许多学术期刊都开辟了《网络文学研究》或《新媒体文艺评论》之类的专栏，我凭着自己累积的学术资源，为学院老师发表论文提供帮助，先后有20余位老师在《文艺理论研究》《当代文坛》《文艺理论与批评》《文艺争鸣》《南方文坛》《理论与创作》，以及许多省市社科院院刊和一些大学学报上发表网络文学论文20余组。

日积月累，我们网络文学研究团队的学术研究开始得到大家的认可，在文学研究界有了一些影响力。

在高校同行中，如果你说中南大学文学院，未必有多少人了解，但要说到中南大学的网络文学研究，许多人都知道"欧阳和他的网络文学研究团队"，称我们学院是"中国网络文学研究重镇"。

2017年10月25日，《中华读书报》刊发报道《欧阳友权：中国网络文学研究的"元老"》（作者是该报资深记者舒晋瑜）。我想"元老"之说大抵包含两层含义：一是指年龄，从事网络文学理论评论工作的大多是青年学者，我这个年龄段的少有人研究这种"潮学"；二是说介入时间早，我从1999年开始网络文学研究，那时的互联网还处在Modem（调制解调器）上网时期，网络文学刚起步，学院派少有人介入这一领域。

记得多年前我去北京参加一个学术活动，坐在我旁边的一位长者问我是哪个单位的，我介绍自己是中南大学老师，他问道："你们那里有个叫欧阳友权的，你认识吗？"我笑说："鄙人就是。"他立马说："哦，你们的网络文学研究做得不错，你在我们学报发过两篇网络文学论文，给人印象很深，我在许多学术期刊都看到你这方面的文章，你很有眼光。"请教后我才知道，他是北京大学社会科学部部长、《北京大学学报（哲学社会科

▎2023年，欧阳友权（二排左七）从教50周年，与博士和硕士毕业生在一起

版)》主编程郁缀教授,是我国著名的古代文学研究专家。

这似乎间接表明,在我教书治学的职业境遇中,锚定网络文学研究方向的选择是正确的,"特色立院、差异发展"策略的影响力正日渐凸显。

时代红利成就人生机遇

选择网络文学研究有学科、学院、学术的需要,也离不开改革开放时代高等教育发展的历史机遇,同时还与个人生活道路上的奋斗与成长息息相关,是职业、事业与自己的人生际遇共同作用的结果。

英国诗人雪莱说过:"人不能创造时机,但是他可以抓住那些已经出现的时机。"

苏轼也曾有言:"来而不可失者,时也;蹈而不可失者,机也。"

于我而言,走上教书治学之路并让网络文学研究点亮自己的学术人生,与把握的两大机缘关系密切。

首先是恢复高考改写了我的人生轨迹,让我有机会从事高校教学和研究工作。

我出生在湖北省十堰市下辖的竹溪县,1973年高中毕业后在农村当了5年民办老师,先教小学,后教中学,每个月由生产队记300分劳动工分(那时下地干活儿的全劳力每天记10分),国家再每月发放17.5元生活补贴,虽然依然是"农民"身份,但已经比"面朝黄土背朝天"的体力劳动轻松许多。

更为幸运的是,在那个社会动荡、文明浩劫的年代,我仍然与"文化"保持着一定联系,并且有更多阅读的机会。那几年只感到生活艰难,前途渺茫,头顶上有个"黑帽子"压着——我家是中农成分,但我的几个直系亲属都是地主,不属于"根正苗红"，因而当兵、招工、推荐上大学均与我无缘，唯有读书尚可打发我苦闷的青春。

命运的齿轮很快让人生出现转机。

1977年，我国恢复了停摆多年的高考制度。当我在那个小山村得知这一消息时，离考试时间只有一个多月。那时我的大学梦几近熄灭，对自己考取大学也信心不足，抱着试一试的态度最后一个报了名。

走进考场时也没什么压力，只记得语文考试的作文题是"学雷锋的故事"，似乎写得还算顺手，别的科目都考得马马虎虎，考数学时更是没一点谱。

考完后许久没有任何消息，听说县城里已经有人拿到大学录取通知书，我心想这次怕是没戏了，不过也没太在意，考不上也属正常。

春节后又过了许久（1977年是冬季高考），有一天突然收到一封挂号信，打开一看竟然是录取通知书，我被华中师范学院郧阳分院（今汉江师范学院）中文系录取，真是意外之喜。事后得知，尽管我的分数超过了华中师范学院本部的分数线（那年高考是不公布考分的），但首批录取时政审不合格，说我母亲娘家是大地主而未予录取。后来上级出台了取消政审的新政策，但第一批华中师范学院本部的录取名额已满，我只能补录到分院。

从此我走出大山，命运"开挂"，开始了完全不一样的人生。

大学毕业后，我留校任教，随之考上武汉大学硕士，后来又去四川大学师从冯宪光教授攻读了博士学位。1992年获评副教授，1996年破格晋升教授，2000年被遴选为博士生导师，就这样一步一个脚印，走上了一条教书治学的人生之路。

如果不是国家恢复高考制度，我不可能有上大学的机会；如果不是赶上思想解放大潮，就不会有高等教育的快速发展，我也不会有在高校教书治学的职业选择；如果不是政策松绑，高校人才可以自由流动，我也就不可能来到中南大学牵头创办中文系和文学院，更谈不上研究网络文学。

当然，在时代红利与人生际遇之间，命运的转变也与个人的奋斗与努力息息相关。

现在想来，1977年全国高考录取率为5%，我参加高考的那个由两个公社报考者组成的考场只考上我一个人，我想并不是我有多聪明，我能成为幸运儿的原因或许有二：一是高中毕业后我当的是民办老师，毕竟没有脱离"文化"的舞台；二是自小酷爱阅读让我在教学之余读了不少"杂书"，如《金光大道》《艳阳天》《中国古代神话故事》等，还有私下流传的手抄本《一双绣花鞋》之类，都是在那个时期读到的，由此积累了一些文化知识，也养成了勤奋好学的习惯。

大学期间博闻强记，《离骚》《唐诗三百首》我是真的背诵过，图书馆借来钱锺书的《宋诗选注》（买不到也买不起），我一首一首抄写在小本子上，各科专业成绩几乎没出过前三名。

自学外语从《英语九百句》开始（中小学没学过外语，大学只开设了半年英语课，大抵只认识26个英文字母），凭着倔强的自学，在留校同学中第一个考上研究生；读博时两年完成学业拿到博士学位。

学海奋楫，苍天不负，正印证了那句名言：机会总是留给有准备的人。

另一个学术机遇是在我的学术黄金年龄，赶上了互联网和网络文学快速发展的大好时机。

中国加入国际互联网是在1994年，我正好是在这一年来到长沙，加盟中南工业大学。

正值壮年的我在这个精力和学术积累均可"扛活儿"的时期，迎来文学与网络"联姻"的大好机遇，新兴的网络文学与新兴的学院、学科、学术妙合无垠,迸发出的电光石火,给我提供了"筚路蓝缕,以启山林"的机会。

在一个新学院作学科带头人,可以在"一张白纸"上从头描画,没有调整与转型的历史包袱。

在全院老师中,我就是元老,其他老师都是经我调入或引进的,他们大都比较年轻,有的"青椒"还是网络"原住民",面对新涌现的网络文学,研究起来容易上手并很快"上道",我也常常为他们的成果找"出口"(出版、发表)。我们团队的凝聚力、向心力强,为开展协作攻关创造了有利条件,经过多年的坚持与积累,我们在网络文学理论批评方面"积小成为大成",产生了一些品牌效应。

其间,有两个驱动因素不可小觑:

一是"选井位,打深井"。学术"井位"选择对一个从事学术研究的人来说十分重要,选对了井位,就能掘出你所需要的"石油"或"井水",开辟学术"航道",如果选错就徒劳无功。

我选择网络文学研究这个"井位",除前述的学科建设因素外,与我读博时导师的一句话有关。记得我的导师冯宪光教授跟我们聊到如何做学问的话题时,他说:"治学如同打井,一定要选对井位,然后持续做,就能打出一口深井。"

于是,"选井位,打深井"的理念便一直在我的脑海中。我常想,我的学术"井位"在哪里呢?那时候网络文学如小荷初露,许多"先觉者"已开始关注。

我从1995年即尝试用Modem上网。那一年申报教授职称,需要考计算机应用能力考试,于是我掏了差不多半年工资购买了一台586台式机并"以机换笔",成了较早触网者,浏览过"新语丝""橄榄树""花招"等早期的文学网站,新浪、网易、搜狐、腾讯这些门户网站的文学频道也是常去之地。后来又有了"榕树下""幻剑书盟""龙的天空"等文学网站,阅读的《第一次的亲密接触》《风姿物语》等网络小说让我大开眼界，也促使我坚定了选择网络文学"井位"的决心。

二是"咬定青山不放松"。选准了学术方向，就需要确定追求目标，深入问题堂奥，追踪学术前沿，心无旁骛，持之以恒地做下去。

那时，作为一个传统学者去研究网络文学是容易被人看不起的，觉得你是旁门左道赶时髦。

面对边缘学术、小众学术和种种小瞧、误解，既要有静心诚意、不受干扰的执着，又要经得起诱惑、坐得住冷板凳，就像郑板桥所言"咬定青山不放松""任尔东西南北风"。

之前看到央视主持人龙洋获得中国播音主持"金声奖"，她在接受采访时说的一段话让我很有共鸣，大意是：一个人成功最需要的是专注与坚持，在追求梦想的路上，不可能是一帆风顺的，你会面对各种各样的挑战和难题，也会遭遇质疑，这时候唯一能做的就是保持定力，坚定地相信自己并保持热爱，然后在干中学、学中干。

正所谓"志不求易者成，事不避难者进"，我们要有决心、有毅力，始终保持内心源源不断的内生力量，相信自己一定能战胜一切困难，克服一切难题，赢得一切挑战。

记得我们刚成立文学院不久，有一次在深圳参加全国学术会议，复旦大学一位我很尊敬的学者跟我说："欧阳啊，我最近看到你发表的网络文学文章。网络有文学吗？你过去研究文艺理论挺好的，为什么突然研究这个？"言下之意，不言自明。

十多年后在上海的一个研讨会上又见到了这位长者，他笑盈盈对我说："欧阳啊，你有眼光，网络文学火了，你的学术也火了，你看别人很难赶上你了！"他当年提醒我，今天又夸我，都是出于一种关爱。

我从1999年开始关注网络文学，从此再也没有离开过这一领域，每年都有网络文学理论评论方面的成果输出，从未间断。

记得1999年暑假期间，我开始做网络文学调查，上网访问了近百家文学网站（或个人文学主页），阅读了痞子蔡、罗森、安妮宝贝、李寻欢、邢育森、王猫猫、黑可可、恩雅等人的网文作品，下载了数万字资料，基本摸清了网络文学发展状貌。

2000年4月27日，我在《社会科学报》（上海）发表了第一篇理论文章《网络文学的五大特征》，随之在《湘潭大学社会科学学报》发表《网络文学：挑战传统与更新观念》（2001年第1期），并完成一篇1.5万字的研究报告《互联网上的文学风景——我国网络文学现状调查与走势分析》，发表后很快被中国人民大学"复印报刊资料库"全文转载，并被《新华文摘》摘转。

多年来，我每年见诸各类重要报刊的网络文学理论文章都保持在10篇以上。

从早期的网络文学基础理论研究，到后来的网络文学现状考察和数据库史料建设，再到近年来的网络文学评价体系、批评标准和批评史研究，我始终锚定在网络文学研究"井位"，并不断向深处挖掘，指导的本科、硕士和博士论文大都选择的是网络文学方面的论题，指导博士后合作研究的也多是网络文学研究，还主编了本科课程教材《网络文学概论》和研究生教材《网络传播与社会文化》，倡导网络文学进高校、进课堂、进教材，推进网络文艺学进入主流学术，为我国网络文学研究做了一点基础性工作。

英国哲学家培根说："在一切大事业上，人在开始做事前要像千眼神那样察视时机，而在进行时要像千手神那样抓住时机。"

回顾自己20多年来的网络文学研究历程，我能够做出一点力所能及的研究，取得一点实实在在的业绩，除团队成员的协作与支持外，也与我的学术敏感、对时机的把握和持续努力有关。

网络文学研究"三部曲"

我做网络文学研究是"摸着石头过河"而走过来的。

一个新领域，没有可供参照的模式，对象又处于不断变化之中，一时找不到抓手。刚开始时无所适从，于是，我只要是发现与网络文学有关的现象与问题就着手研究，看到什么就写什么。

后来随着学术环境变化和自己对网络文学理论认知的深化，慢慢有了点儿学术自觉意识，让研究形成了一定的侧重点。梳理自己的网络文学研究之路，大抵经历了三个阶段：

第一个阶段："嵌套式"基础学理研究。

所谓"嵌套式"含有自我反思的贬义，即将传统的理论范式套用到网络文学研究中，有点胶柱鼓瑟的意思。

在网络文学自身的理论体系没有建立之前，作为一名传统文艺理论出身的"新手"，我习惯性地依凭自己已有的知识结构和理论思维方式，试图以《典论·论文》《文心雕龙》《人间词话》等为理论圭臬，或者用蔡仪主编的《文学概论》、以群主编的《文学的基本原理》，以及西方文论的那些概念和解读方式来看待和分析网络文学。

我在千禧年后发表的一些论文，如《现代科技文明的人文哲学》[《北京大学学报（哲学社会科学版）》2002年第2期]、《论网络文学的精神取向》(《文艺研究》2002年第5期)、《网络的文学栖居与诗性祛魅》(《东方丛刊》2002年第3期)、《网络文学的媒体突围与表征悖论》(《社会科学战线》2002年第4期)、《网络文学对传统诗性的消解》(《中国文学研究》2003年第3

期)、《网络文学本体论纲》(《文学评论》2004年第6期)、《网络文学的人文底色与价值承担》(《求是学刊》2005年第1期)等,即带有"新瓶装旧酒"的味道。

我的第一本网络文学理论专著《网络文学论纲》(人民文学出版社2003年)就用了"网络文学的学理分析""网络文学主体视界""人文视野中的网络文学"等标题,显然带有"理论嵌套、借壳赋值"的意味。

还有如《网络文学的学理形态》《比特世界的诗学——网络文学论稿》《数字化语境中的文艺学》等著作,也都聚焦的是网络文学基础理论研究。

当然,这样做除了观念的局限外,还有另外一个原因——那时研究网络文学犹如"桌子底下放风筝",出手就不高,就像网络文学不被视为"文学"一样,网络文学评论特别是理论成果,往往被认为不是"道南正脉",算不上什么学术成果。

比如,我在著述中选择"人文审美"的研究视角,就有批评者说"把网络小说当作人文性审美对象来考察",是"对网络小说抱有过多的不切实际的人文理想"。

甚至有人指名道姓批评我是"戴着根深蒂固的'根正苗红'的有色眼镜看待网络文学","这种研究成果误人视听"。

作为横跨两个领域的学者,我对类似的批评在心底多少是有些不服的:怎么我用同样的治学工具做传统文学研究可以被认可,有的成果还能得奖,而用来研究网络文学就成了"非我族类"不容置喙呢?

于是,我"赌气"就要扎实做一点基础学理研究,力争让自己的网络文学论文上大刊、上A刊,上到传统学人心目中"真正学术"的殿堂。

经过努力,我先后在《中国社会科学》(中文版、英文版各发1篇)、《文学评论》(刊发8篇)、《文艺研究》等被学界公认的权威期刊上发表了网络文学研究论文，并陆续在《文艺理论研究》《文艺理论与批评》《文艺争鸣》《小说评论》《当代文坛》《南方文坛》《扬子江文学评论》《中国文艺评论》《文艺论坛》《艺术广角》等众多文艺评论类刊物，以及《北京大学学报（哲学社会科学版）》《学术月刊》《社会科学战线》《江海学刊》等20多家综合类学术期刊和大学学报发表了网络文学研究系列论文，有的还是一组一组连续刊出。

其中，被《新华文摘》全文转载6篇，被中国人民大学"复印报刊资料库"、《中国社会科学文摘》、《高等学校文科学术文摘》转载或摘转超过60篇，难道这些刊物都不上档次？我的理论专著《数字化语境中的文艺学》获第四届鲁迅文学奖文学理论评论奖，它们算不算得上"学术"成果呢？

当然，这是我的一种"任性"之举，绝大多数同行不会这

■ 欧阳友权获第四届鲁迅文学奖，在鲁迅的故乡绍兴参加颁奖典礼

2014年，美国佛罗里达大学图书馆东亚馆馆长 C.David Hickey 先生来长沙调研中南大学的网络文学研究成果，欧阳友权（左）与其合影

么去想，他们对我的研究还是认可的，但我的这点"小心思"也确实成为推动自己持续进行网络文学基础理论研究的内驱力之一，也让我在文学研究圈"浪得虚名"。

第二个阶段："基源性"文献数据研究。

人们常说，互联网是有记忆的，这固然没错，但互联网也是有"漏斗"的，不仅因为网络信息流转迅速、显隐无定、去留难测，还在于许多信息由于源头平台倒闭、网站改组、企业易名、栏目调整或种种难以预测的原因，或被下架，或被人为删除、屏蔽，永远消逝在网络上。

例如，1997年创立的"榕树下"，曾经是中国最大的原创网络文学网站，储存作品众多，一度风头无两，到2017年被行政处罚，2019年闭站，如今的网络上压根儿找不到原网站任何信息，只能见到一棵亭亭如盖的"榕树"茕茕孑立。

事实证明，网络的信息存留确实有自己独到的优势，但论及可靠性有时真不敌"纸寿千年"，对于学术研究而言，与其"网络觅珍大浪淘沙",倒不如"一卷在手尽享资源"。

于是,注意搜集保留"基源性"文献数据就成了我心中的一个"梗"。

自打进入网络文学研究,我就比较注意史料的收集与整理。我的第一篇长篇研究报告《互联网上的文学风景——我国网络文学现状调查与走势分析》(《三峡大学学报(人文社会科学版)》2001年第6期)就是用丰富的数据、实证和材料完成的。

2003年组建网络文学研究团队后,每年我都会安排硕博学生逐日、逐月记录网络文学大小事件,年底整理出一个完整的"网络文坛纪事"收藏起来。

2007年,我组织大家完成了《网络文学发展史——汉语网络文学调查纪实》(中国广播电视出版社2008年)。

2011年,我获得了国家社会科学基金重点项目"网络文学文献数据库建设",这是我主持的第三个国社项目,2014年如期结项时被鉴定为"优秀"等级。4个结项成果中,上线了1个"中国网络文学文献数据库"软件(放在我们自己的网站上供学界免费使用),出版了3部著作:《中国网络文学编年史》(中国文联出版社2015年)、《网络文学研究成果集成》(中国文联出版社2015年)和《网络文学词典》(世界图书出版广东有限公司2012年)。随之,以研究生课程教学为基础,我组织硕博学生进行网络文学市场调查,完成了一部44万字的《网络文学五年普查(2009—2013)》(中央编译出版社2014年)。

这次普查,承接我国"网络文学十年盘点"(1998—2018),并对网络文学文献数据进行全面清理,包括文学网站、网络写手、网络文学作品、网络文学阅读、网络文学语言、网络文学理论批评、网络文学影响力、网络文学与传统文学互动交流、网络文学产业经营、博客微博和微信文学、网络视频和微电影、网络作品影视改编、少数民族网络文学、网络女性文学、网络儿童文学、外国网络文学概览等。

其中，网络儿童文学、网络女性文学、少数民族网络文学和外国网络文学的数据采集与整理，过去从来没有人做过，所得的第一手信息资源显得十分珍贵。

在此基础上，我组织团队陆续完成了《中国网络文学二十年》（江苏凤凰文艺出版社 2018 年，该著作入选国家出版基金资助项目）、《当代中国网络文学批评史》（中国社会科学出版社 2019 年，国家社会科学基金重大项目子课题成果，入选国家社会科学基金中华学术外译项目，英译本 A History of Cyber Literary Criticism in China 由劳特利奇出版社出版）。

此外，"基源性"文献数据研究成果还有《湖南网络作家群》（海豚出版社 2019 年）、《网络文学 100》丛书（1 套 7 部，中央编译出版社 2014 年），含《网络文学评论 100》（欧阳友权）、《网络文学关键词 100》（禹建湘）、《网络写手名家 100》（聂庆璞等）、《网络文学大事件 100》（欧阳文风）、《网络文学网站 100》（纪海龙）、《名作家博客 100》（聂茂）和《网络文学名篇 100》（曾繁亭等）等。

从 2016 年开始，受中国作协委托，我每年编撰出版一部《中国网络文学年鉴》，截至 2024 年已完成 9 部，2023 年入选"2022 年度中华人民共和国年鉴志鉴系列"，成为中国智库索引网络文学智库的标志性成果。

2023 年主编完成的《中国网络文学三十年丛书》由湖南文艺出版社出版。这套丛书包括：《网络文学三十年》、《网络文学三十年年谱》（全二册）、《网络文学三十年研究成果目录集成》、《网络文学三十年理论评论典藏》等，共 276.7 万字，是对中国网络文学 30 年发展脉络的系统梳理和学术信息的历史性"盘点"，是一套通史性质的资料库和史料书，出版后引起较大反响，《光明日报》《文艺报》《中国图书评论》《中国社会科学报》

等发表了系列评论，网络文学理论界还为此举办了全国性学术研讨会。

第三个阶段："建构性"评价体系与批评史论研究。

网络文学热点很多，评价体系和标准构建是最受关注的话题之一，其原因在于这是网络文学研究中的一个"枢纽性"问题：一方面圈外人觉得网络文学犹如一个"文化牛仔"，无拘无束，信马由缰，在无边的虚拟空间恣意撒欢，似乎没有合适的评判尺度可以评价或规制它；另一方面，行业内似乎也没有形成统一创作规范和评价标准，各种说法莫衷一是，难有定评。

早在2004年，我构想第一套网络文学理论丛书《网络文学教授论丛》时，就设计了一本《网络文学批评论》（谭德晶教授执笔），2014年出版的《网络文学100》丛书，我自己承担的就是《网络文学评论100》。

2016年国家社会科学基金首次设立网络文学重大招标项目"我国网络文学评价体系的理论与实践研究"，我以首席专家身份中标，用了5年时间集中精力专题研究网络文学评价体系与批评标准问题。

在此过程中先后出版了《网络文学批评理论与实践》（中国社会科学出版社2019年）、《走进网络文学批评》（凤凰出版社2019年）、批评文集《网文观潮》（海峡文艺出版社2020年）等，在网络文学批评实践方面有网络小说鉴赏类著作《萧鼎与〈诛仙〉》（作家出版社2021年）、《网络上榜小说赏鉴》（湖南文艺出版社2021年）、《网络文学榜单作品精读》（中国社会科学出版社2023年）等。

陆续发表的代表性论文有《网络文学批评的困境与选择》（《中州学刊》2016年第12期）、《网络文学批评史的建构逻辑》（《求是学刊》2016年第3期）、《网络文学批评的述史之辨》（《文学评论》2018年第3期）、《建立网络文学评价标准的必要与可能》

（《学术研究》2019年第4期）、《网络文学亟待建立自己的评价体系和标准》（《社会科学辑刊》2022年第2期）、《网络文学批评："线上与线下"识辨》（《中国文学批评》2022年第3期）等。

2023年该重大项目结项时，我提交的网络文学评价体系、批评标准和批评史论的C刊论文有61篇，在《人民日报》《光明日报》《中国社会科学报》《文艺报》《中华读书报》《中国艺术报》等发表专题文章30余篇。该重大项目的结项成果是4部书稿，含4个子课题成果：《网络文学评价体系论》（欧阳友权著）、《网络作家作品评价实践》（周志雄等著）、《文学网站评价研究报告》（陈定家、郑薇、孙金琛、赵明著）和《中国网络文学十大批评家》（禹建湘著）。它们一起构成我主编的第7套丛书——《网络文学评价研究丛书》，共计279.6万字，2024年由中国社会科学出版社出版。

我对网络文学评价理论的"建构性"贡献的核心观点集中体现在：其一，提出了网络文学评价体系的5个维度和基本指标，即基于网络语境的思想性、不脱离爽感的艺术性、源于技术传媒的网生性、依托市场绩效的产业性和聚焦传播效果的影响力，其基本指标体系包含5个一级指标、21个二级指标和69个三级指标。其二，提出了网络文学评价指标的逻辑层级，即以核心层、中间层和外围层来考辨网络文学评价标准的要素倚重。其三，提出网络文学批评标准的"树状"结构形态，以此彰显网络文学评价体系的功能范式，并以适应对象的有限性、要素倚重的选择性和系数赋权的针对性，规制了这一评价体系和批评标准在实际应用上的适恰性本色。

临高启明，未有穷期

从1999年进入网络文学研究领域，回首已走过的四分之一个世纪，自己也到了古稀之年。

25年指间飘过，我在学术科研上除研究过一段时间的"中国文化品牌报告"外（连续12年出版《文化品牌蓝皮书：中国文化品牌发展报告》，并在深圳文博会发布年度文化品牌），其余治学精力全部放在网络文学研究上。

"卡位"正确，团队给力，笔耕不辍，无形中把我推向了网络文学研究的风口，成为这个领域的元老。我在这一领域累计发表论文280余篇，出版著作（含主编）35部，主编理论丛书7套，共38部。主持完成国家社会科学基金项目6项，省部级课题20余项。

中国作协网络文学中心主任何弘先生在《中国网络文学二十年》序里说："欧阳友权是中国网络文学研究重要的奠基者、开拓者和实践者，一直身处行业前沿，是当之无愧的'大牛'。"

厦门大学资深专家黄鸣奋先生在《网络文学研究成果集成》序言中称："由欧阳友权教授带领的中南大学团队是当之无愧的网络文学研究大本营。"

中国社会科学院文学研究所网络文学专家陈定家先生评价："欧阳友权是中国网络文学的学科奠基人和学术研究方面的领军人物，他为中国网络文学研究倾情倾力地立规立法，虔诚执着地立言立行，十几年孜孜以求，乐此不疲。无论是他主持的课题，主办的学术会议和讲座，还是他撰写的著作，主编的丛书和刊物，任凭提及哪一项，都足以写出一本别开生面的学术史。"

同行夸赞，难避溢美之词。就我个人来说，这种特色学术也确实让自己受益良多。

比如，我的网络文学研究成果《数字化语境中的文艺学》获得了第四届鲁迅文学奖，另有成果获高等学校科学研究优秀成果奖（人文社会科学）（连续4届，1次二等奖、3次三等奖）、中国文联文艺评论奖一等奖，湖南省社会科学优秀成果奖一、

■ 中国作家协会网络文学委员会中南大学研究基地挂牌

■ 中南大学网络文学研究院挂牌

二等奖（5次），首届湖南省文学艺术奖，荣立湖南省委、省政府一等功、二等功各1次。2009年被授予"全国模范教师"称号，2011年获教育部第六届高等学校教学名师奖，还被评为湖南省优秀社会科学专家。

我所主讲的"网络文学创作与欣赏"课程被评为教育部国家精品视频课和湖南省精品课，所带领的网络文学研究团队被授予"新媒体优秀教学团队"称号，网络文学教研成果先后获教育部国家级教学成果二等奖和湖南省教学成果一等奖。还曾被国际学术同行邀请到美国、法国、瑞士等国家参加国际学术会议，并有美国同行慕名来长沙找我做网络文学访问交流。

从学科建设和学院发展看，网络文学研究让我们学科学院名声在外，2004年"湖南省网络文学研究基地"在我院挂牌，2013年我们牵头成立了中国文艺理论学会网络文学研究分会，2016年中国作协在我院挂牌成立我国第一个"网络文学研究基地"，2023年华著科技公司与我们联合成立了中南大学网络文学研究院，由我担任院长。

当众多媒体采访我，让我谈谈对网络文学研究的感受时，我讲了三句话：

第一句，做科研，要选准井位，打一口"深井"，不要"打一枪换一个地方"；第二句，认准的学术方向要及早动手，并持续发力，百折不挠必有斩获；第三句，组织团队，联合攻坚，方能啃下一个个"硬骨头"。

作为新学科、新学院、新学术的"班长"，我带领的团队先后完成了中国网络文学发展史、编年史、断代史、通史、批评史、工具书、数据库、评价体系、批评标准等项目，让一个新的学术领域研究带动了一个学科，培养了一批人才，振兴了一个学院，建立起立体的教学、科研、课程、教材、项目、著作、论文等"学研产"体系，实现了网络文学研究进高校、进课堂、进教材，使其从边缘学术走向"显学",形成学术、学科、学院互动的"多米诺效应"。

当然,我国的网络文学还处于成长期,网络文学研究也只是刚刚起步,我做的这点工作不过是"千里始足""海边湿脚"。相信后继学人必将临高启明,光大学术,在网络文学研究这一"朝阳"领域开辟新的蓝海。

名家问学

> 做科研,要选准井位,打一口"深井",不要"打一枪换一个地方";认准的学术方向要及早动手,并持续发力,百折不挠必有斩获;组织团队,联合攻坚,方能啃下一个个"硬骨头"。

主要学术成就

著 作

《网络文学评价体系论》，中国社会科学出版社，2024年
《网络文学三十年理论评论典藏》，湖南文艺出版社，2023年
《网文观潮》，海峡文艺出版社，2020年
《走进网络文学批评》，凤凰出版社，2019年
《当代中国网络文学批评史》，中国社会科学出版社，2019年
《网络文艺学探析》，中国社会科学出版社，2018年
《网络文学研究成果集成》，中国文联出版社，2015年
《比特世界的诗学——网络文学论稿》，岳麓书社，2009年
《网络文学发展史——汉语网络文学调查纪实》，中国广播电视出版社，2008年
《网络文学概论》，北京大学出版社，2008年
《网络文学的学理形态》，中央文献出版社，2008年
《网络传播与社会文化》，高等教育出版社，2005年
《网络文学本体论》，中国文联出版社，2004年
《网络文学论纲》，人民文学出版社，2003年

丛 书

《网络文学评价研究丛书》（4卷），中国社会科学出版社，2024年
《中国网络文学三十年丛书》（5卷），湖南文艺出版社，2023年
《网络文学100丛书》（7卷），中央编译出版社，2014年
《新媒体文学丛书》（6卷），中国社会科学出版社，2011年
《网络文学新视野丛书》（6卷），中国文史出版社，2008年
《文艺学前沿丛书》（5卷），中国社会科学出版社，2005年
《网络文学教授论丛》（5卷），中国文联出版社，2004年

课 题

国家出版基金资助项目：中国网络文学二十年，2019年
国家社会科学基金中华学术外译项目：当代中国网络文学批评史，2020年
国家社会科学基金重大项目：我国网络文学评价体系的理论与实践研究，2016年
国家社会科学基金重点项目：网络文学文献数据库建设，2011年
国家社会科学基金一般项目：数字媒介下的文艺转型研究，2006年
国家社会科学基金一般项目：网络对文学发展的影响与对策研究，2002年

徐 晨 光

徐晨光，1956年生，湖南华容人，中共党员，管理学博士，二级教授，享受国务院政府特殊津贴专家，国家哲学社会科学基金项目评审专家，湖南省优秀社科专家、优秀专家。被评为湖南省"勤政廉政、富民强省优秀党政领导干部"，并记一等功；被中组部、中宣部、教育部、团中央评为全国普通高校优秀思想政治工作者。

长期从事党建工作和党建理论研究。在农村当过生产队指导员、党支部成员，从事农村基层党建工作3年；在高校从事学生党建工作13年；在高校任党委副书记、书记，从事高校党建工作12年；在湖南省直机关工委任常务副书记，从事机关党建工作5年；在湖南省委党校任常务副校长，从事党建教学和研究10年；在湖南师范大学中共党史党建学科点教学20年，培养近30名博士。出版《晨光文集·管理篇》《晨光文集·党建篇》《晨光文集·机关党建篇》和《红色学府是怎样炼成的——干部教育规律十谈》等著作8部，发表文章近300篇。3项成果获得湖南省哲学社会科学成果一等奖，6项成果获得湖南省哲学社会科学成果二等奖。

徐晨光先生"学术足迹"示意图

中央党校
华容县
湖南大学财院校区（原湖南财经学院）
中共湖南省直属机关工作委员会
中共湖南省委党校
湖南师范大学

北京·中央党校

岳阳·华容县

长沙·湖南大学财院校区
（原湖南财经学院）

长沙·中共湖南省委党校

长沙·中共湖南省直属机关工作委员会

长沙·湖南师范大学

躬耕笃行的党建人

徐徐春风苦寒来

看到自己的今天,不由得想起我的昨天。

我出生在湖南省北端岳阳市华容县的一个"孤岛",它四面环江,总面积20多平方千米,有200多年的历史。

岛上有一个行政乡,叫作集成乡,我就出生在这里。

当时,集成乡这块土地上居住着1万多人,没有通电、没有通自来水、没有通车;吃水靠人挑、交通靠腿走、照明靠"洋油灯"、运输靠土车子。人们基本上过着一种原始的生活。

由于四面环江,和外界打交道很少,外面的信息和物资进不来,里面的农副产品也出不去,农民全靠自己种植的粮食和蔬菜过日子。

集成乡下辖大港村、集成村、南阳村、向阳村、钟家村,还有一个农场。我便出生在南阳村,成长在集成村。

1955年腊月三十(1956年2月11日),我母亲刚做好团圆饭,突然感到身体不适;未时时分,我出生了。

一家人高兴得无法用言语来形容,他们就给我取了一个名字叫"年乐",意思是说我的出生给家庭带来了过年的快乐。

但是"年乐"这个名字没叫多长时间，就改成了"神光"，解释为神仙保佑。

为什么呢？因为我出生之后身体一直不太好，总是容易生病，并且和父亲交替生病，他好了，我病了，我好了，他又病了。

改名"神光"也没有改变我身体虚弱、经常生病的状况。最后父母亲决定，把我过继给一个伯伯，当时我只有3岁。

一个3岁的孩子本不应该对当时发生的事有那么深刻的记忆，而我对那一天的情况，到现在还记得清清楚楚。

我记得当天家里来了很多客人，吃完饭父母亲抱着我和他们一一打招呼，然后把我送上了一匹马。

我的姑父扶着我，骑着马来到了养父母家，下马之后又和这边的亲戚朋友一一打招呼。他们准备了糖果、饼干和很多好吃的东西哄我，但是我什么都不想吃，就一个劲地呼唤妈妈、想要妈妈，直到把嗓子喊哑。

这就是我跨两个村的缘由。

我读高中的时候，自己把名字改为了"晨光"。晨光是一种希望，是一种适合人生长、成长、生活的，微微的阳光。

这样的阳光，带有生机活力，带有前进的动力和方向。

由于我们这个地方是一个封闭的孤岛，学习条件极差，找不到一所完全符合条件的学校，也找不到一个完全合适的老师，上学也不过是上了一个更高层次的幼儿园。

直到1968年，来自长沙的知识青年下放到我们这里，给我们带来了很大的活力，也带来了外面的信息，甚至影响了我们的学习环境和学习态度。

我记得有一位代课老师和我们关系很好，经常来家访。有一年过完春节，她给我带来了两本书：一本是《新编增广贤文》，另一本是《简易珠算》。

我拿到这两本书，如饥似渴地读了起来，一个礼拜便把《新

■ 上大学之前的徐晨光

编增广贤文》全文背了下来，还按照《简易珠算》里的内容开始学习打算盘。通过打算盘、搞计算，我对数学产生了浓厚兴趣，后来她又教我们识字、写文章。

有一天，老师给了我一份《湖南日报》，上面有篇文章，讲述了一个人助人为乐、做好人好事的故事。我模仿着写了一篇作文，她给予了极高的评价，这使我慢慢地对语文也产生了兴趣。

说心里话，从小学毕业到初中毕业，我都仅仅是拿到了个毕业证，要说学多少知识、文化水平有多少提高，还真谈不上。

真正对我产生影响的是我的养母，作为一名农村妇女，她虽一字不识，却有着比较深厚的传统文化涵养。

她常用一些名言警句、歇后语、谚语来教育我们。

我印象最深的两句话，第一句是"一个篱笆三个桩，一个好汉三个帮"，意思是要在社会上立足，就必须争取更多人的支持、更多人的关心、更多人的培养。

我们要虚心向别人学习，比我们强的人我们要学习，和我们同样的人也要学习，比我们弱的人还是要学习。

任何人都有自己的长处，总能找到可学习的地方。

正是受她的这种思想影响，到现在为止，我还保持着这种学习态度，"无人不老师""无处不学习""无时不机会"。

熟悉我、了解我的人经常向别人这样介绍我：他总是提着一个大公文包，里面装着几个笔记本。听报告、参观展览、调查研究时，他都在不停地做记录，漏记的内容，回到办公室后还要追记到笔记本上。

养母的话也是我为人处世的基本态度，人一生不论和多少人打交道，有三个人我们必须认真对待，这就是"你我他"。

"你"是我师，我本着学习的态度和你交往、向你学习。

"他"是我友，友好相处，善待身边的每一个人。今天他是我们的熟人，明天说不定就是我们的恩人。

"我"是我敌，我们要学会战胜自我，要想得通、拿得起、放得下，战胜自我就战胜了一切。

养母还经常给我讲另一句话，"梅花香自苦寒来"，意思是要成为人上人就必须吃得苦中苦。

只有能吃苦、敢于在艰苦环境中磨炼，我们才能增长见识、磨砺斗志，才能经得住风雨，经得起挑战和考验，才能实现我们的目标，到达胜利的彼岸。

到初中毕业时，虽所学知识不多，但我对知识的渴望更加强烈，求学的愿望也更加迫切。

上大学后，我开始了真正意义上的学习。1976年，我被推荐到湖南师范学院（今湖南师范大学）外语系学外语。我们当时有一个特殊的称谓——工农兵学员。

什么是"工农兵学员"呢？顾名思义，就是从工人、农民、士兵中选取的去读大学的优秀分子，我们不叫"学生"而叫"学员"。

虽然没有经过统一的高考，但我们经过了严格的推荐程序。能够被推荐上大学的人，基本具备三个条件：

第一条是政治上可靠，一般是贫下中农家庭的子女，是通过组织政审后信得过的人。

第二条是表现好，要得到当地农民或者工人的认可。没有他们的认可，就没有被推荐的基础。

第三条是有一定的学习基础和学习能力。

当时除了"工农兵学员"的称谓之外，我们的身份还有一个特殊性质，叫"社来社去"。

什么叫"社来社去"呢？我的理解是从社会上选拔的学员，毕业后回当地为社会服务；由人民公社推荐的学员，毕业后回公社工作。

1976年是一个特别的时间，国家的发展需要人才，学校也要恢复秩序，为国家输送人才。

所以，当时狠抓学习成为学校、老师和学员共同的主旋律。

一时间，考试成了老师的"法宝"，上课与考试是学员生活的主要乃至全部内容。我们学完一篇课文要进行测试，学完一个单元课程要进行小考，每个月有月考，每个学期还有期末考。口语、语法、精读、泛读样样要考，还配以各种知识竞赛活动。

我们班的英语水平参差不齐，有的人当过高中英语老师，有的人还在领导岗位上工作过几年。但来了学校以后，都一切清零、从头开始。

我们这些英语初学者还得从字母开始学起。我本着笨鸟先飞的态度，努力学在别人前面，把人家用来休息的时间全部用到了学习上。

三年间，我没有哪一天晚于早上五点钟起床。

为了不影响别人休息，我起床后就到外面找地方学习。

我记得有一个学生食堂的窗户玻璃破了一块，投射出一点光，我就在这个光下面读课文、背课文。

我没有一个晚上不去图书馆预习功课，直到把第二天要学习的课文中的每一个单词都搞懂，每一个句子都理解透，有把握回答老师的提问了，才回寝室休息。

寒暑假我都只在家里休息了一个星期，便立马回学校抓紧学习。周末要么在宿舍里看书，要么找几个同学一起爬岳麓山，一边爬山一边练口语。

功夫不负有心人，作为学习上的笨鸟，我用人家十倍的努力学习，最终取得优异成绩，得以留校工作。

晨曦悟道育桃李

培养学生是我的职业，成就学生是我的追求，我以成就学生为荣。论行政职务，我是一名正厅级领导干部，论专业职称是一名二级教授，如果有人问我更偏爱哪个称谓，我会毫不犹豫地说，教授。

我不喜欢与人争名逐利，不喜欢颐指气使地指挥别人。

不求高官厚禄，也不求家财万贯，只求弟子三千。

当老师的时候不和别人争高下，但喜欢拿学生和别人比成就，因为成就学生是老师的追求，也是老师的荣光。

我参加工作后的首个工作岗位是在湖南师范大学外语系当学生辅导员。

当时，辅导员的工作不被社会看好，在学校内也不太受重视。但我对这份工作特别热爱，我认为这是一个最锻炼人的平台，是最能体现育人价值的岗位。

能和学生在一起我就高兴，我参加工作后带的第一个班来自外语系78级。这一级的学生比较特别，同学之间的年龄差距最大达到20岁，他们的知识水平和能力也参差不齐，有的当过高中英语老师，有的有过很多年的工作经历，也有一部分是当年的高中应届毕业生。

作为一个刚参加工作的老师，怎么才能把这批人带好？当时我感到很有压力。

我第一次召集他们开会时，宣布了三条要求。

第一条：遵守学校纪律，做好学生。如出现违纪现象，要及时向我汇报，把问题化解在萌芽状态，内部处理，不要给个人和班级造成负面影响。

第二条：严肃组织纪律。我不是一个特别虚荣的人，但我是一个很重视荣誉和口碑的人。院里开大会，我们早五分钟到会，领导会表扬我们，我们迟到五分钟，得到的就是批评，两者综合起来就十分钟的时间，十分钟我们能干什么别的事呢？建议每一次开大会，提前五分钟到会，保持严肃的组织纪律性。

第三条：实行自我管理。我们中间有很多人当过老师、当过班主任，有的还当过领导，大家都很有经验。我们班重点实行自我管理，我只在大家后面出主意、搞监督。做得好的表扬，做得不好的就提醒，我把工作重点主要放在思想教育上。

大家都很遵守这三条并严格要求自己，这三条也成了我在班级管理工作方面的基本模式。

四年间，我带的班级无一人受纪律处分，还多次受到院里的表扬和表彰。

我还创办了全校第一个党章学习小组，开始只有几个人参加，后来发展到几十人，最终有几百人。最开始大家只学党章，后来发展到学党章、学党史、听党课。随着影响的扩大，学校把办好党章学习小组作为经验向全校推广，全校各院都分别成立了党章学习小组和其他学习小组。

第一份工作便让我接触到了党建，但这只是一种好感，谈不上对党建的研究。严格来讲，党建作为一门学科，不是什么人都可以研究好的。

真正对其产生兴趣，还得从2001年说起。

当时我在湖南师范大学担任党委书记，省委决定派我到中央党校中青班脱产学习一年。这一年，我系统学习了党史和党的建设理论，以及马克思主义中国化的理论成果。

在研究党建的过程中，我逐渐喜欢上党建，爱上党建。

研究中我发现，关于"私人企业主能否入党"的问题，在

■ 中国教育电视台专题展播教育部"读懂中国"活动作品《校园里的晨光》

学员中引起了激烈争论。

一种观点认为，私人企业主入党不利于保持党的先进性。

另一种观点认为，这是与时俱进，是执政党的执政地位所决定的。

在双方争论越来越激烈的时候，班主任老师找到我说："晨光同志，你能不能在学员的学习论坛上，就这个问题讲讲你的观点和看法？"

我当时信心不足，没有同意。老师最后只好说，这是支部的决定，你做好准备吧。

接受任务后，我开始思考：怎么讲效果最好呢？

讲课的话身份不对，作报告的话语气不对；我想，讨论的方式可能会好一些。

论坛开始，我给参会者提了一个问题：同学们，这里有两部分人，一部分是企业下岗职工，通过努力创业，他们创办了企业，每年还向国家纳税两千万元，但他们是私人企业主。另外一部分人呢，也是下岗职工，但他们下岗后无所事事，整天在家打麻将、看电视,他们不是私人企业主。如果按照我们现有的思路,私人企业主不能入党,那么这些创造财富、促进经济发展的人都会被关在党组织的大门之外;而天天在家打麻将、看电视的人,却因为不是私人企业主,反而可以入党。长此以往,中国共产党怎么保持先进性,怎么代表最广大人民群众的根本利益呢?

事实上,允许私人企业主入党,并不等于私人企业主都能入党,还得经过考核,符合条件才能入党。

讲到这里,大家的认识基本形成一致:党要长期保持先进性,要代表最广大人民的根本利益,就必须扩大党的执政基础,应该允许符合党员条件的私人企业主入党。

论坛之前,我看了很多书;论坛之后,我发现有更多的书需要阅读。

读书让我对党建研究产生了兴趣,这也是我后半生热爱党建研究的前提。

闻道有先后,术业有专攻。

兴趣不等于成就,有兴趣不代表就能成功。

在研究党建理论的过程中,我认识到党建作为一门学科,它内涵丰富,有比较系统的理论体系和话语体系,研究时必须确定明确的研究方向。

我为什么要研究执政党执政安全呢?是因为当时党的先进性和纯洁性都受到了挑战,政治、组织、思想、作风都有不纯洁现象,党员的先锋模范作用和党支部的战斗堡垒作用发挥不出来,特别是意识形态领域统一思想的工作任务艰巨。

随着党的执政风险增加,执政安全面临问题,2002年,我申报了国家社会科学基金项目"共产党执政安全研究"。当年项目没有通过,有人认为选题太敏感,要缓一缓。

2004年,国家社会科学基金项目课题指南有五个地方提到了执政安全，于是我再次申报"党内民主与执政安全问题研究"，项目得以通过，成为我国研究执政安全的第一个国家课题。

随后，我出版了《执政党执政安全研究》《执政党执政安全多维探究》两本书，这也是国内最早研究执政安全的两本书。

研究执政安全，我围绕危害党的执政安全的主要方面提出对策建议。

例如，革命理想高于天，守住共产党人的精神家园，确保党的信仰安全；保持与时俱进的理论品质，坚持用马克思主义中国化的最新成果统一思想、统一意志、统一行动，确保党的思想安全；始终坚持全心全意为人民服务的宗旨，解决好人民群众最关心、最直接、最现实的利益问题，确保党的宗旨安全；密切联系群众，确保人民群众的主体地位，把人民放在心中最高的位置，让人民从政治上认同我们党，情感上拥护我们党，行为上支持我们党，确保执政党的基础安全；要始终保持党的先进性和纯洁性，充分发挥好党员的先锋模范作用和党支部的战斗堡垒作用，确保党的肌体安全等。

用通俗易懂的语言阐释理论，也是理论研究的基本功底。

着力让党的创新理论深入亿万人民心中，成为接地气、聚民心、顺民意、得民心的理论。理论只要说服人，就能掌握群众，而理论只要彻底，就能说服人。理论以通俗的话语指导群众实

▎《执政党执政安全多维探究》

践，就能成为改造世界的强大精神力量。

我在研究党建时，提出了党员"三问"、党建"四问"、党性"五问"的研究方法，使理论有了亲和力。

党员"三问"就是让每个共产党员强化党员意识，搞清楚党员是什么，党员干什么，党员不干什么。

共产党员是工人阶级中具有共产主义觉悟的先锋战士。共产党员要全心全意为人民服务，为共产主义奋斗终身。共产党员是人民群众中的普通一员，不谋求政策和法律允许之外的任何特殊利益。

党建"四问"是解决如何保持党员的先进性和纯洁性、保证我们党长期执政资格的问题。

中国共产党的执政地位不是与生俱来的，也不是一劳永逸的，过去拥有不等于今天拥有和永远拥有。

问：中国共产党的执政地位是从哪里来的？

现在比较一致的回答是：历史的选择，人民的选择。

追问：历史和人民为什么选择中国共产党执政？

既然是选择，就会有比较，历史和人民在比较中优中选优，选择了中国共产党执政，正是因为党的先进性和纯洁性。

再问：假如中国共产党的先进性和纯洁性丧失掉了，人们还会选择中国共产党执政吗？

至少优先选择的条件不存在了，执政的可能性也会随之减少。

继续问：怎么样才能保持党的先进性和纯洁性呢？

中国共产党必须严格党的政治生活、严守党的政治纪律，保持党的先进性和纯洁性，坚持全面从严治党，"刮骨疗毒"，清除党员肌体上的"病毒"，祛除党员肌体上的"毒瘤"，始终保持党的先进性和纯洁性，保持党的生机和活力。

党性"五问"就是让每一个党员常问自己的入党动机、入党动力和入党承诺，经常"洗洗澡"，除去"灰尘"，消除"病毒"，保持共产党员的政治忠诚。

第一问：是谁要我入的党？

可能是爷爷奶奶，可能是爸爸妈妈，也可能是亲戚朋友，但是我们在写入党申请书和向党旗宣誓的时候说的第一句话都是，"我志愿加入中国共产党"。既然是自愿，就要忠诚于自己的选择，就应该为保持党的先进性、纯洁性作出自己的贡献。

第二问：为什么要入党？

入党的动机可能是多方面的，有政治方面的、生活方面的、成长方面的，但我们最终还是要为共产主义奋斗终身。

第三问：我们加入的是个什么样的党？

中国共产党不是一般的政治团体，而是马克思主义政党。马克思主义政党强调先进性、纯洁性，它的先进性充分体现在代表绝大多数人，为绝大多数人谋利益。中国共产党除了人民群众的根本利益之外，不为自己谋取任何特殊利益。

第四问：我们举手宣誓时，对党承诺了什么？

"我志愿加入中国共产党，拥护党的纲领，遵守党的章程，履行党员义务，执行党的决定，严守党的纪律，保守党的秘密，对党忠诚，积极工作，为共产主义奋斗终身，随时准备为党和人民牺牲一切，永不叛党。"我们怎样才能忠诚于党、永不叛党？就是忠于自己的章程，对党忠心耿耿，说到做到。

第五问：既然我们有这样的承诺，我们该怎么做？

作为百年大党的党员，始终保持追梦的姿态、赶考的心态、自信的状态、自我革命的常态，做到信仰不褪色、理想不滑坡、宗旨不淡化、思想不僵化、纪律不弱化、要求不放松、行为不暮气等。

研究党建还应该有严谨的学习态度，不能浅尝辄止、敷衍了事。

■ 徐晨光接受访谈时讲述"浓缩在15个字里的家风家训"

■ 徐晨光（右一）参加"学四史·感党恩·跟党走"系列主题直播微课堂

我曾对党建教学和研究提出"三个三"的要求：

文章不改三遍不定稿。

文章一旦投出去，就代表了作者的观点和研究能力，所以不要轻易出手，定稿之前要反复琢磨和修改，看选题准不准，框架对不对，语言精不精，自己满不满意。

课不试讲三遍不定调。

一堂新课必须反复打磨。一堂课是讲课者的思想认识水平、理论驾驭能力、语言表达技巧的综合展现。多听专家意见，把方向搞对；多听同行意见，把内容搞对。精益求精，把每堂课都打造成精品课。

问题不追问三层不定位。

研究者和研究的内容都要有深度，切忌浮于表面。人能经得起三问才算专家，问题追问三层才能找到真谛。例如问我是学什么的，我回答说是学政治的；再追问学政治什么的，我回答是研究党建的；再问研究党建什么，回答是研究执政安全的。

在党校工作期间，我不断探索党校办学规律和干部培训规律，提出了始终坚持党校姓党的校魂、实事求是的校训、从严要求的校规、质量立校的校略；提出了不求权力、但求权威，不求资本、但求资源，不求神秘、但求神圣的价值取向。我就关于党校从严治校、加强学员管理的经验，当面向总书记和相关领导作了汇报。《红色学府是怎样炼成的——干部教育规律十谈》一书在全国党校反响良好，进入了阅读书目。

光耀晚霞更护花

落红不是无情物，化作春泥更护花。

我于2015年退居二线，2018年退休。退休时，很多朋友跟我打电话说，辛苦了几十年，应该好好休息了。还有的说，退休之后到全国各地走走、看看、玩玩，自由自在地生活，过无忧无虑的日子。我也曾经设想过退休后的生活，不谈工作、不谈教学、不搞科研，睡到自然醒，安安静静生活。

这些对退休生活的规划和设想最终都被我的"三观"所否定。

因为我们长期接受的教育是"国比家大""公比私大""他人比自己大"，只要社会还有需要，事业还有需求，我们就不会停下来，虽然不会像上班时那样忘我和拼命，但也不会放弃党建研究工作而完全休息。

退休以后，我选择了一种更有温度的党建，即"党建公益"，来延伸我的党建情怀。

写《晨光心语》。

就在湖南省委组织部刚找我谈完话，我也准备休息时，一个学生打来电话："老师您退休了，我们还没有毕业呢，您还要继续关心我们哦。"

这个电话给我提了个醒，我虽然退休，但学生还没毕业，还不是我完全休息的时候。想到这里，我下一步的计划不是怎么休息，而是要通过什么办法，去弥补对学生的一种愧疚。

我带博士生20年，过去因为工作忙，顾及学生少，现在应该与他们加强交流和沟通，给予他们更多关心。由此，我在手机上建了一个群友都是学生的聊天群，取名为"师生情"，并决定用亲身经历去引导学生少走弯路、不走错路、多走正道。就这样，我每天坚持发一篇短文，谈如何做人、做事、做学问。

▌《晨光心语》

时间一长,跟着一起学的学生越来越多,学生建议我注册微信公众号,取名"晨光心语"。

晨光心语坚持了三年时间,推出原创短文360多篇,结集出版了《晨光心语》三卷本。写晨光心语时,最开始不拘一格,想到哪里写到哪里,文章写得多了,慢慢就形成了自己的风格。

不讲深奥的理论,也不求文采,用普通的语言讲述身边的故事,影响身边的人;不讲假话套话,讲的都是大实话,反映的是自己的思想脉络、心路历程、人生经历。

正如我在总结中说的,过去是写大部头,今天是写小文章,大小都是我的思想结晶。过去在讲台传授知识,今天用微信传播思想,传播的都是正能量。

做"党建义工"。

我做党建义工主要是利用自己的党建研究优势做党的理论的义务讲解员、党建研究的咨询员、党的执政安全宣传员,成为党的义务工作者。把晨光心语平台打造成党建公益平台,免费解答网友疑问,分享平台文章。

做党的理论的义务讲解员。党的理论创新到哪里,就讲解到哪里,把讲解的内容推到党建公益平台与网友分享。例如党内政治生活的新举措,14个关键点读懂党内政治生活准则,把群众观点、群众路线植根于思想之中等。

做党建研究的咨询员。退休后除了辅导学生,我每年都要接待近40人次的咨询,就党建研究的热门问题共同探讨。

做党的执政安全宣传员。近几年来,我的主要研究都是围绕执政安全展开的。例如,百年大党如何才能保持先进性、保持生机活力,如何才能得到人民的拥护和支持、做到长期执政等。

建立党建联系点。党建研究是我终身的职业,退休并不影响我从事党建研究的兴趣,虽然不再上讲台,不再做具体的党建工作，但是趁着生活还能自理、思路清晰，我建立了几个基层党建联系点。

长沙芙蓉区荷花园街道劳模工作室聘请我当他们的顾问，我不定期去调研、座谈和讲党课，并为他们提出了"党建引领、劳模特色、群众基础、公益方向"的工作思路。我还在华容县东山镇清泥湾村建立了农村基层党建联系点，并担任名誉书记。几年来，我坚持在基层党建联系点调研、讲党课，支持村里的经济发展和社会活动，并为他们引资百万元搞道路建设、路灯建设等。

设立"晨光奖学金"。

人可以退休，情无法退休。

退休前后，我想起了很多往事，这让我的家乡情结和教育情结变得格外深重，从事教育行业几十年，所见所做的点点滴滴都加深了我对教育事业的感情。

退休时，我总在思考，用什么办法解开我的教育情结，延续教育生命。

考虑再三，我决定自费设立"晨光奖学金"，帮助那些有学习前途但又生活困难的学生，这个想法得到了很多人的支持。

于是，我在华容县设立"晨光扶贫助学奖学金"，每年奖励10人，每人奖金2000元，现已奖励了5年。

在湖南师范大学政治学科设立了"晨光研究生科研奖学金"，也是每年奖励10人，每人奖励2000元，现已奖励了2年。

建立家乡慰问金。

上大学之前，我是一个地地道道的农民，也当过生产队指导员，在同吃同住同劳动的过程中，和家乡农民结下了深厚的情谊。

1998年的特大洪水，使我们家乡的老百姓全部迁居华容的其他乡镇，原来的家乡也不复存在。

■ 2021年晨光研究生科研奖学金颁奖典礼（前排左四：徐晨光）

几十年来，每当我想到家乡的过去，就有一种抹不掉的牵挂和思念。

每当我想起在家务农时，父老乡亲对我的关心、支持、爱护和帮助时；每当我想起他们散居他乡之后20年没能见面时；每当我想起他们带着期盼来到长沙，请求我支持家乡我却无能为力，他们用理解的眼神安慰我时；每当我想起吃公共食堂时，父老乡亲们怕我饿着，偷偷把自己的饭倒在我碗里，把好吃的菜夹给我时；我总是饱含泪水，想为他们做点什么。

退休的那一年是2018年，我下决心把我们当时生产队的农民、现在散居在华容县各乡镇的父老乡亲全部请到华容县的神禹宾馆见了一面，并请他们吃了一顿饭。我看到他们见面时相互问候、依依不舍的场景，我就感觉到了这次活动的意义所在。

在此次见面的基础上，我为他们建立了一个家乡群，与他们保持长期联系。从2022年开始，对生病住院的农民，我必电话慰问并给予200元慰问金；对70岁以上的农民，每年春节每人给予400元慰问金。

感恩组织。

我在成长过程中得到了很多人的关心、关怀和支持，我要感恩所有帮助过我的人，包括一字之师、一事之恩、一时之友。

感恩父母的养育，没有他们就没有我；感恩时代的磨砺，时代赋予我们使命，也为我们提供了平台；感恩同事的帮助，与智者同行，必长智慧，与强者同行，必增力量；感恩家人的支持，家里有事你们扛，家里有难你们担，不让我在工作上分心。

特别要感恩组织的培养，离开了组织，即使有再大的能耐，都将一事无成。组织培养了我，我愿听组织的话。在退居二线时，组织大致给了我这样的评价："晨光同志党性观念强，政治立场坚定，理论水平高，在学习、研究、传播中国特色社会主义理论、中央和省委的方针政策等方面有较高的造诣，作出了积极贡献。实干精神强，工作坚持高标准、严要求，兢兢业业、勤奋务实……团结同志，关心干部，得到各方面的认可和好评。"

组织的评价虽不敢以此居功，但却可以用来自勉。

名家问学

无人不老师，无处不学习，无时不机会。
向强者学优秀，向同类学优势，向弱者学优点。

主要学术成就

著作

《红色学府是怎样炼成的——干部教育规律十谈》，中共中央党校出版社，2011年
《统领——科学发展观研究》，湖南师范大学出版社，2006年
《执政党执政安全多维探究》，湖南师范大学出版社，2004年
《执政党执政安全研究》，红旗出版社，2003年

课题

湖南省社会科学基金重大项目：中国共产党长期执政能力建设研究——基于湖南的调查与思考，2022年
湖南省社会科学基金重大项目：我省加快形成全面从严治党新常态的思想与对策研究，2021年
湖南省社会科学基金重大委托项目：推进我省党的作风建设长效机制研究，2014年
湖南省社会科学基金重大项目：朱镕基讲话实录研究，2013年
国家社会科学基金重大项目：马克思主义中国化时代化大众化的实践路径及制度创新研究，2010年
国家社会科学基金一般项目："非直接利益冲突"的群体性事件研究，2010年
国家社会科学基金一般项目：党内民主与执政安全问题研究，2004年

文章

《中国共产党走在时代前列的成功密码》，湖湘论坛，2022年第4期
《强化"四个意识" 提高党的治理能力》，湖南社会科学，2020年第3期
《党的自我革命与执政安全》，红旗文稿，2019年第20期
《在自我革新中永葆党的先进性纯洁性》，光明日报，2017年7月27日
《适应变化 做好新时期党建工作》，紫光阁，2015年第7期
《把尊重人民主体地位落到实处》，人民日报，2011年9月2日
《党的建设与执政安全》，新湘评论，2011年第11期
《科学发展观：新时期党的先进性建设的指南》，求是，2006年第22期
《执政为民的内在要求》，求是，2004年第4期

柳　肃

　　柳肃，1956年6月生，博士毕业于日本鹿儿岛大学工学部建筑学科。现任湖南大学建筑与规划学院教授、博士生导师，岳麓书院首席顾问专家，中国科学技术史学会建筑史专业委员会主任委员，国家文物局古建筑专家委员会委员，享受国务院政府特殊津贴专家。

　　长年从事建筑历史与理论的教学和研究，同时从事文物古建筑修复保护设计，历史城镇、历史村落的保护规划设计工作。出版学术专著和教材共30余部，发表学术论文200多篇。承担过2项世界文化遗产、40多项国家级和省市级重点文物建筑的修复保护设计和10多项历史城镇、村落的保护规划。

　　2016年获中国建筑教育奖，2019年获中国勘察设计协会传统建筑设计一等奖、中国勘察设计协会传统建筑分会建国70周年"杰出人物"称号、"终生荣誉会员"称号，教育部设计一等奖。

柳肃先生"学术足迹"示意图

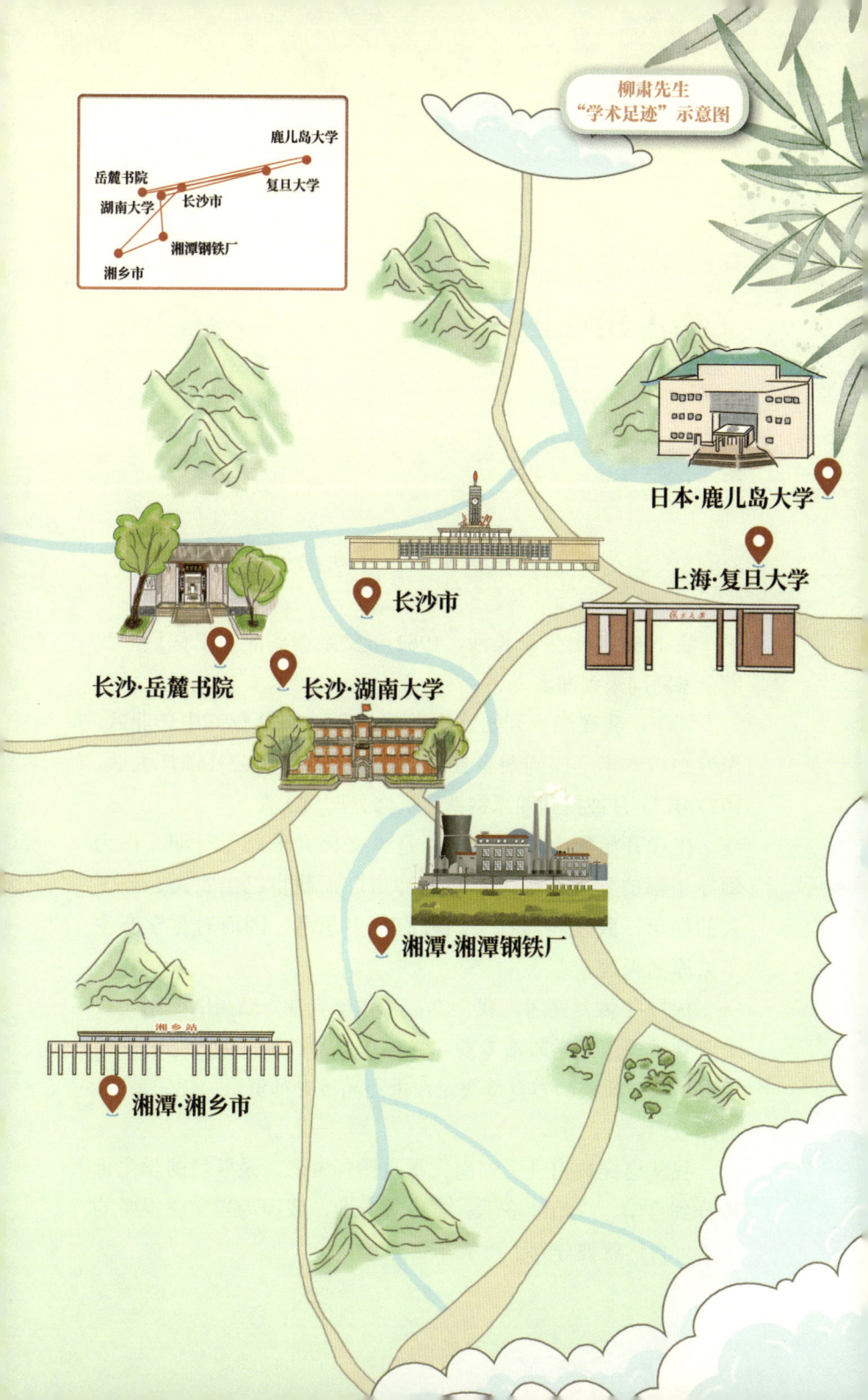

鹿儿岛大学
岳麓书院　　　复旦大学
湖南大学　长沙市
　　　　湘潭钢铁厂
湘乡市

日本·鹿儿岛大学

上海·复旦大学

长沙市

长沙·岳麓书院

长沙·湖南大学

湘潭·湘潭钢铁厂

湘潭·湘乡市

文物古建守护人

先学哲学,再学建筑

我 1956 年出生于长沙,1962 年父亲调到湘乡工作后,我们全家随同来到湘乡。

同年,我在湘乡开始读小学,一直到 1973 年高中毕业后,作为知识青年下放到湘乡县(今湘乡市)大田公社湘江大队,1975 年 11 月被招到湘潭钢铁厂机修分厂当工人。

在我开始懂事的时候,正是"文化大革命"时期,作为领导干部的父亲遭受了不小的冲击。而我自己当农民、当工人的经历,致使我对社会问题有很多思考,因而对哲学产生了浓厚的兴趣。

1977 年恢复高考,我立志报考哲学专业,结果阴差阳错被录取到了湖南大学政治专业。这是一个师资班,因为当时高校出现了人才断层,教育部决定在重点高校办师资班,优先录取,培养教师。

我就这样被招进了湖南大学政治师资班,录取后的学生再被分到哲学、政治经济学、党史等专业。我因为当初就报考的哲学,自然就被分到了哲学专业。

在学哲学的过程中，我又迷上了哲学史，《中国哲学史》和《西方哲学史》成了我反复阅读的教材。

我的本科毕业论文是在当时湖南大学人文系陈谷嘉教授的指导下完成的，题目是《孔子的伦理思想》，陈谷嘉教授成了我的第一位导师。

毕业后，我留校任教，在湖南大学人文系教哲学课。

1986年我到复旦大学进修美学研究生课程，1988年结业回校，继续开展哲学和美学等课程教学。

■ 柳肃早年专著《礼的精神——礼乐文化与政治》（韩文版）封面

1990年我的第一本哲学著作《礼的精神——礼乐文化与中国政治》一书由吉林教育出版社出版。1993年这本书被韩国东文选出版社选入他们的一套东方文化丛书（共60本书，中日韩三国各选20本），翻译成韩文出版。

那年我30多岁，取得这样的成果应该还算是不错的，但就是在这期间，我的人生发生了巨大的转折。

1988年，我从人文系调到岳麓书院工作，这时岳麓书院的主要工作是修复古建筑，我跟随古建筑专家杨慎初教授参与修复岳麓书院古建筑的工作，没想到这一工作完全改变了我的人生。

我一边工作一边学习古建筑的相关知识，发现建筑绝不是我们一般人所理解的工程技术，其中包含了深厚的文化。

我由此喜欢上了古建筑，并下决心重新开始学习。

我找来各种建筑学的书籍自学，并抽空到建筑系听课，最终决定报考建筑系的研究生。

那时候考研究生还真不容易，整个建筑系一届只招三四个人。经过咬牙刻苦的努力，我终于在1991年考上了建筑系研究生，那年我35岁。

考取建筑系研究生，进入杨慎初教授门下，这就算是正式改行，从哲学领域跨入了建筑领域。

作为建筑系的教授、建筑历史和古建筑研究方面的专家，杨教授被调到岳麓书院研究所当所长，是因为这时岳麓书院的主要工作就是修复古建筑。

我跟着杨教授一边学习理论知识，一边从事古建筑修复的实践工作。这比一般的研究生学习有了更多的实践机会，学得更扎实。

1993年12月，我完成硕士研究生论文答辩，正式毕业。这时建筑系正缺教师，于是我从岳麓书院调到建筑系任教，开展建筑历史和古建筑修复设计方面的课程教学。同时我仍然负责岳麓书院的修复设计工作，因为岳麓书院古建筑群规模很大，只能逐步地修复，这是一项长期延续的任务。

这时，杨慎初教授正式退休了，我就独立担下岳麓书院的修复任务，没想到从此我便和岳麓书院结下了不解之缘，连续30多年，直到今天我还在继续负责岳麓书院的修复工作。

1996年，应日本鹿儿岛大学建筑学科土田充义教授的邀请，我赴日本鹿儿岛大学进行合作研究，同时攻读博士学位，土田教授就成了我的博士生导师。在日期间，我和土田教授共同研究并参加了日本古建筑修复保护的实际项目，学到了日本在这方面的先进经验。2001年3月，我获得博士学位后回国，继续在湖南大学建筑学院任教。

我由一名哲学教师彻底变成了一个建筑学家。

保护文物，艰难奋斗

进入古建筑修复和文物保护的行列之后，我才知道这项事业竟是一片如此广阔的天地，它是那样乐趣无穷，同时也是那样艰难困苦！

修复文物古建筑的过程中，每次都遇到不同的情况、不同的问题。它有无穷的探索余地，也有无穷的发散思维的可能性，有时甚至还有些危险，带有刺激性。

修复保护岳麓书院是我一生中最大、延续时间最长的工程。从我1988年进入岳麓书院开始，一直延续到今天。因为岳麓书院规模大，古建筑数量多，有战争年代被毁掉的要逐步恢复重建；也有既存的建筑需要修缮，由于建筑数量多，这里修完那里又有问题了，总是轮番不停地修。

在岳麓书院的所有建筑中，我自己最得意的一个设计是屈子祠。岳麓书院历史上就有屈子祠，但是并不在现在这个位置上，是在湖南大学与湖南师范大学之间的山坡上。那个地方现在还留存着一小部分残破的建筑遗迹，但是已经无法在那里完全恢复屈子祠了。

2004年学校决定在岳麓书院御书楼后面的山坳里重建屈子祠，委托我做设计。屈子祠是纪念伟大的古代爱国诗人屈原的，作为一座纪念性建筑，本来要比较高大雄伟才是。但是我考虑到重建位置在爱晚亭前面、岳麓书院后面的山坳之中，这种特殊环境不宜建过于高大的建筑。于是我就采用中国传统园林建筑的手法，采用卷棚式屋顶这种比较秀丽的造型。

尤其是后面的爬山廊，沿着山坡上下起伏、蜿蜒前行，设计很困难，但是做出来以后我感到很满意，今天这里也成了一个很受游客喜爱的场所。

如今的现代建筑，见山就推平，见水就填平，而古人讲究

■岳麓书院屈子祠（柳肃设计）

■岳麓书院屈子祠后爬山廊（柳肃设计）

的是人与自然的和谐统一,绝不破坏自然环境,建筑完全按照山水地形来建造,我在这座建筑中第一次真正领会了中国古代"天人合一"的哲学思想。

在修复岳麓书院的项目中,我印象最深也最惊险的一次是文庙大成殿的修复工程。2014年8月的一天,大成殿后面一颗巨大的古树突然倒下,把大成殿压垮了半边。我第一时间赶到现场,当时的情况可以用惨烈来形容!1米多直径的大树把整个建筑压垮半边,散落的建筑构件堆成了小山,树枝、树叶把破碎的殿堂埋没了一半。连消防队都赶过来抢险、清理现场。

因为岳麓书院的社会关注度很高,当晚中央电视台和香港凤凰卫视都报道了这一事件。学校领导当然非常着急,立刻要我组织抢修。第二天我就带着我团队的博士生、硕士生到现场进行勘查。

当时的情况是建筑垮了半边,剩下的半边也严重变形,我和学生们都要进入到建筑内部去勘察损毁的情况并测量。

说实话,我当时有些犹豫是否带学生进去,一方面是担心安全问题,但另一方面,这能让学生们直接看到古建筑被损毁的现场情况。最终我还是下决心,在做好安全保护措施以后,带着学生进入了建筑内部。这一次确实让学生们得到了难得的学习和锻炼。

不仅岳麓书院是宝贵的文化遗产,湖南大学从20世纪20年代到50年代建造的早期建筑,分别代表着不同时代的文化特征,也是一批国内都少有的文化遗产。

2007年,我向学校领导建议,把湖南大学这批历史建筑打包申报全国重点文物保护单位,得到了校领导的支持和重视。我带着我的团队进行调研测绘,整理材料向国家文物局申报,一次就申报成功。"湖南大学早期建筑群"被国家文物局批准列为全国重点文物保护单位。

■ 柳肃（前排右三）带领团队紧急抢修岳麓书院文庙大成殿

　　当时在全国范围内，像这样一所大学建筑群被整体列为全国重点文物保护单位的不多，只有北京大学、清华大学、武汉大学、厦门大学等六七所，湖南大学荣幸地成为其中之一。而且湖南大学除了这个新列入的"早期建筑群"之外，还有一个岳麓书院，那是很早就被列为全国重点文物保护单位的建筑群。就这样，湖南大学校园内有了两个国宝建筑群，这在国内大学中是唯一的。这是湖南大学甚至湖南省都值得骄傲的事。

　　我不只是修复保护古建筑，还为古建筑保护的事情在社会上努力呼吁、抗争。过去，由于整个社会对于文物保护事业的不理解、不重视，导致大量文物古建筑被损毁，文物保护工作困难重重。

　　导致这种状况的原因主要有两个方面：第一，过去长期的经济落后，使文化教育也相对落后，现实生活的基本要求都还没有满足，根本谈不上去保护文物古建筑，同时也没钱来保护文物古建筑。第二，改革开放以后经济飞速发展，但是人们的主要精力全都放在经济发展方面，更关注的是GDP（国内生产总值）的增长，容易忽视文物的保护。

在开发建设与文物保护发生矛盾的时候，从开发商到地方政府领导都更偏向于经济开发，忽视文物保护。

我在30多年文物保护的实践中，不断遇到这种情况，最典型的一次是长沙古城墙事件。

2012年初，在长沙沿江的万达楼盘建设工地，工人在挖地基的时候发现了一道120多米长的古城墙遗址。

我作为专家到现场看了以后觉得这一段城墙非常宝贵，是长沙城市发展史上不可多得的历史见证。而且，长沙作为国家级历史文化名城，由于历史原因，地面保存的古建筑已经非常稀少。因此这段古城墙的发现和保存，对于长沙这座历史文化名城的保护具有重大意义。

但是当时这块地已经卖给了开发商，长沙市政府为了不影响开发建设，准备把这段古城墙拆了，保存到博物馆去。我反对这样做，于是和市政府领导发生了矛盾，因为我感觉这一极其宝贵的文物不可能再有，毁了就永远没有了，而且其价值必

▎2012年，长沙万达楼盘建设工地上挖掘出来的古城墙遗址

▎《光明日报》对长沙古城墙事件的报道

须保存在原地才能彰显，拆到博物馆里去就只是城墙砖，而不是城墙了。在领导面前我据理力争，寸步不让。矛盾从市里闹到省里，最后一直闹到国家文物局。在国家文物局的协调下，双方妥协，原址保存了一段，保存在万达广场的地下车库内。

这件事情闹得全国的媒体都知道了，变成了一次新闻事件。

有些媒体把我称为"长沙的梁思成"，我说我绝不能和梁思成这样的大家相比，我只是觉得我比梁思成要幸运。当年梁思成、林徽因是孤军奋战，没有人帮忙，最后他们保护北京城墙的努力功亏一篑。

而我今天得到这么多人的帮助，我周边的朋友、学生、媒体记者，还有社会上素不相识的人都在帮着我呼吁，终于取得了一定的成功。

另外让我感到很欣慰的一点是，这次古城墙事件唤醒了很多人的文物保护意识。在这次事件中，很多媒体和网络的宣传，以及各种讲座活动的举办，让很多普通人都注意到了文物保护的重要性，起到了广泛的科普和宣传教育作用。

在文物古建筑的保护问题上，另一个比较大的事件是长沙天符宫的保护。

长沙天符宫是一座道教庙宇，历史上曾经很有名，后来破败了，但主体建筑还在，被列为一般不可移动文物。长沙经历了抗日战争时期的文夕大火，地面留存的古建筑已经很少了，今天长沙城内存在的真正的古建筑，屈指可数，仅存三四栋了，天心区范围内也就只剩这一栋了。

2022年某一天突然传出天符宫要被拆掉了，我去看时推土机已经停在了旁边。这种时候如果我再写报告，层层报批的话肯定来不及，只要推土机上去几分钟就没了。于是我只能借助网络，在网上呼吁，立刻得到了社会舆论的广泛响应，迫使他

修复前的天符宫处于危险状态

们停下来。后来市领导到那里视察，说这个要好好保护，于是当地着手开始修复它，这才算是真正保护了下来。

在保护文物古建筑方面，我很注重国际交流和前沿新科技的应用。我的团队常年保持着与日本、意大利、美国等国家的学术交流，以至于有人说我们这个"最传统的学科反而最国际化"。

前些年，美国普林斯顿大学每年派两名学生来我的研究室学习中国古建筑。我还经常举办古建筑国际联合工作营，由我们的教师、学生联合国外的教师、学生，一起调查研究古建筑。

我时刻关注国外在保护文物古建方面的新方法、新技术。在国内我是最早引进三维扫描技术用于古建筑保护的，当年西藏罗布林卡（世界文化遗产）就委托我的团队负责数据采集和保存。我们圆满完成了工作，为罗布林卡这一宝贵的藏族建筑艺术珍品保存了一套精确完整的数据系统。

在30多年的文物修复保护工作实践中，我承担过2项世界

■柳肃（左一）与普林斯顿大学派来柳肃研究室学习的美国学生一起调研

■古建筑国际联合工作营，前排右四：柳肃

罗布林卡三维扫描数据采集

文化遗产、40多项国家级和省级重点文物保护单位的修复保护设计，承担过10多项历史城镇和历史村落的保护规划，均取得较好的成果。

教书育人，引领社会

从1982年开始，我在大学里从事教育工作，至今已有40多年。我始终秉持着一个理念：教育是要教人、引领人，而那些被教出来的人又要引领社会，所以教育的最终目的是要引领社会向着文明进步的方向发展。教知识只是一个方面，更重要的是培养学生的社会理想和社会责任心。例如我的专业——学习研究建筑历史和理论，目的是理解历史文化，继承和发扬传统文化中的精华，摒弃糟粕；学习研究修复保护文物古建筑，不只是为了修复而修复，更是为了保护优秀的文化遗产。我在所有的教学中始终给学生们灌输这一理念。

讲好课始终是我首要关注的事情，我不断琢磨怎样才能把课讲好，让学生学得更扎实。例如教学手段，20世纪90年代学校要求搞教学改革，用新出现的PPT方式教学。我也做了PPT课件，但是只上了两次课我就发现，我事先做在PPT上的文字和图片学生根本记不过来，于是学生干脆就不记笔记，最后想办法把老师的PPT弄到手就可以了，这样学生肯定就学不扎实。于是我果断放弃PPT教学方式，回到原来的粉笔黑板教学，一边讲一边在黑板上写字画图，学生们又跟着认真做起笔记来。不仅文字条理清楚，图画也工整清楚，来龙去脉学生都完全掌握了。我在黑板上写的字、画的图，后来竟然成了一道风景，下课时甚至有学生走到讲台面前对着黑板拍照。

我上课是从来不点名的，学生们都要抢前排座位。当然，在学生评教的时候，我也基本上每次都得到最好的评价。每年考研的时候，我讲"中国建筑史"的课堂笔记都成了抢手货，比教材都好用，连其他学校的学生都知道。有的学生记得好的笔记甚至在网上传着卖。

要真正成为一个受学生欢迎的好老师，不仅仅要课上得好，更要有一颗真正为学生的心，真正把学生放在心里，要让他们真正学到东西。学生找我提问，任何时候我都有问必答。2006—2017年间，我担任了学院党委书记兼副院长的职务，行政工作比较繁重，平时在办公室里事情很多，但是只要学生来问问题，我一定是把其他事放下，先解决学生的问题再做别的。

我的课不仅要教学生知识和技能，更关注激起学生们对于保护文化遗产的兴趣和热情，不仅限于建筑学专业的学生，而是所有专业的学生，甚至社会上的所有人。要让他们都对古建筑感兴趣，激发他们保护文化遗产的热情。

从1996年开始，我就在全校范围内开设公选课"古建筑欣赏",而且我限定了不让建筑学专业的学生选(因为他们已经有"中国建筑史"的专业课程),只让建筑学以外的文理工科学生来选。由于讲的内容比较吸引学生,因此这门课在每学期开课时都会引发一场"抢课大战"。学生们在网上报名,因为名额有限,往往半夜起来抢课。报名平台一开通,几分钟之内 100 个听课名额就被抢光。有的没抢到课的学生搬着凳子坐在过道上听,我都尽量让他们进来,还有外校的学生甚至社会上的人慕名来听,我从不赶他们走。

2014 年国内开始推广慕课(在线课堂学习平台),以清华大学为首的国内高校成立了慕课联盟,规定每个学校拿出几门课作为慕课的课程放在网上向全社会公开,湖南大学首先就选择了我的"古建筑欣赏"等三门课程。

2014 年秋季,"古建筑欣赏"课程改名为"中国古代建筑艺术"放在了慕课上。由于我的制作速度最快,只用了一个月的时间就做出来了,所以这门课程是湖南大学的第一门慕课。

我自己都没有想到这门课程居然如此受欢迎,据 2015 年果壳网的数据统计,在全球 1800 多门慕课中,"中国古代建筑艺术"进入到最受欢迎的前 10 名之中。而且中国大陆只有两门课进入了前十名,一门是清华大学的"财务分析与决策",另一门就是湖南大学的"中国古代建筑艺术"。网上惊呼:"湖南大学成为最大的黑马!"

2016 年,果壳网统计全球已经有 5000 多门慕课了(可见慕课发展速度之快),其中,我这门课的受欢迎程度排在了第三名,再一次引起媒体关注。对我自己来说,最高兴的倒不是排名第几,我真正高兴的是有那么多人喜欢我这门课,受到了我的影响。

我相信他们会在心目中树立起文化遗产保护的责任心。从网上听课者回馈的信息可以看到,他们是真心受到了触动。有网友说,听课中听到那些珍贵的古建筑被毁掉都听哭了;有网友说，把我讲过的那些古建筑都记了下来，将来要一座一座去看；还有网友说，她四岁的儿子成了我的小粉丝，每天都必须要看我的慕课……这些都让我真心感动，也发自内心地高兴，这么多人受我影响喜欢上古建筑（到2018年，已经有40多万人听过我这门课了），有很多学校还把我这门网络课程列为计算学分的正式课程。

我心想，这么多学生和社会人士听过我的课，受到我的影响，这是未来保护文化遗产的巨大潜在力量！

2015年，山东电视台创办了全国第一个评选优秀教师的电视节目《我是先生》，在全国范围内评选出"十大先生"，我有幸被选入，并在山东曲阜孔庙杏坛（当年孔子讲学的地方）被授予"十大先生"的荣誉称号。

2016年，中国建筑学会授予我"建筑教育奖"，这是一个入选人数不多的建筑教育界最高荣誉奖项；2019年，中国勘察设计协会传统建筑分会授予我建国70周年"杰出人物"和"终身荣誉会员"称号；2020年授予我"突出贡献人物"称号。这些荣誉都是对我多年来在建筑文化遗产保护教育方面所作贡献的奖励。

2020年是明朝迁都北京600周年，也是故宫建成600周年，中央电视台百家讲坛栏目第一次推出一个建筑类节目《如果古建筑会说话》。开篇第一季就讲《北京故宫》，请我做主讲嘉宾。

这是一个特殊的讲座，听众是全社会的普通老百姓，各种年龄、文化层次的人都有，要让大家都能听懂古建筑的专业知识，而且还要让大家对古建筑感兴趣，这对我而言是一个不小的考验。

这个节目的备课比给建筑学专业的学生备课要难得多，我要把关于古建筑的专业知识通俗化，还得去寻找很多有趣的故事，而且这些故事不能是那些一般的宫廷故事，而是要和建筑

■ 柳肃在央视《百家讲坛》栏目主讲"故宫"

相关的故事。

《北京故宫》讲了8集，每集40余分钟。我用通俗的语言，结合历史故事，向人们讲述故宫古建筑的特色和文化背景。讲座受到大众的普遍欢迎，央视网统计高峰时有几十万观众观看。有的观众看完后在网上和我交流，说原来去看故宫什么都不懂，等于白走了一遍，什么都没看明白。听了柳教授的讲座以后，要重新再去看故宫。

接着，百家讲坛第二季请我讲《皇家坛庙》——北京天坛、地坛、社稷坛等建筑。节目再次受到广泛好评。

对古建筑的讲解，让普通老百姓了解了中国传统文化，并自觉地去保护它，这是我的目的，也是让我觉得很高兴的事情。社会上只要有这种要求，我都尽量答应去讲。

我开展过无数次在各种场合的讲座，如图书馆、博物馆、政府机关、企业单位、学校、社区等。

我曾经给各种层次的人讲岳麓书院，包括建筑界最高等级的世界级大师。如荷兰的汉斯·霍莱因，日本的安藤忠雄、矶崎新，这几位都是普利兹克建筑奖得主。普利兹克建筑奖是建筑领域的国际最高奖项,获得这个奖项的一般是公认的世界级建筑大师。给他们讲解岳麓书院时我都不需要准备,给安藤忠雄和矶崎新讲岳麓书院,我甚至可以直接跟他们讲日语。但是有一次湖南大学幼儿园请我给孩子们讲岳麓书院,我还真的费了一番脑筋。想想这些三四岁的孩子,可能都不认识几个字,岳麓书院那些文化深厚的匾额对联怎么讲?于是我避开这些,纯粹从建筑的特点来讲。这果然引起了小朋友们的兴趣,最后达到了目的,让他们懂得了古建筑的宝贵,要好好保护。

除了向全社会进行普及性的文化遗产教育以外,我还出版了30余部专著和教材,其中最具代表性的是《营建的文明——中国传统文化与传统建筑》(清华大学出版社,2014年)。

这本书的内容不同于一般写古建筑的书籍,它写的是中国古代建筑背后的文化。书的内容包含"中国政治与中国建筑""中国哲学与中国建筑""中国宗教与中国建筑""文学艺术与中国建筑"……不是写建筑本身的技术和艺术问题,也不是写建筑发展的历史,而是解读建筑背后的文化,这样的书国内少有。

■ 柳肃(前排左一)给幼儿园小朋友讲岳麓书院

这本书自出版后就受到广泛好评，一再脱销，不久又出了修订版，2021年入选丝路书香出版工程，今年已经被翻译成波兰文出版。丝路书香出版工程是中国新闻出版业唯一进入国家"一带一路"倡议的重大项目，选择国内最有代表性的学术著作，在"一带一路"沿线国家翻译成外文出版。

▌柳肃专著《营建的文明——中国传统文化与传统建筑》入选丝路书香出版工程，被翻译成波兰文出版

2023年，《营建的文明——中国传统文化与传统建筑》第二次入选丝路书香出版工程，翻译成哈萨克文出版。清华大学出版社向我报喜，说我为他们争了光。确实，两次入选的书全国都少有，这本书为中国传统文化的对外传播作出了一点贡献。

我主编的代表性教材是《古建筑设计》，这本书由三所大学的教师合作编写，华中科技大学出版社出版。这是国内第一本，也是至今为止唯一一本古建筑设计类全国高校通用教材，是全国高等学校建筑学学科专业指导委员会指定的，第一版和第二版分别被列为中国高等院校"十一五"和"十三五"精品课程规划教材。

我写的专著中，还有一个让我觉得比较自豪的事。2001年，中国建筑工业出版社和台湾锦绣出版事业股份有限公司计划联合出版一套《中国精致建筑100》丛书，总共100本。先在台湾出版，再在大陆出版。

这套丛书由中国建筑工业出版社负责在业内组稿。他们一连向我约了4本，分别是《礼制与建筑》《北京天坛》《文庙建筑》《会馆建筑》。这套100本的丛书中，我一人就写了4本，而且每本都是一稿就成功，几乎没有什么修改。

我自己回想，成功的原因主要还是我从文化的角度来理解建筑。例如《北京天坛》一书，出版社告诉我他们先前约了一位北京的作者写过，但写出来他们不满意，于是约我再写。

我写出来后一稿就通过了。

我想原来那位作者写得不成功，可能是只从建筑到建筑，只注重了建筑的技术和艺术，没有写出建筑背后的文化。我看天坛，它大大超出了建筑学的范畴，它已经不是一座建筑，而是一个哲学的形象表现，于是我写天坛就先从中国古人关于天的意识开始，写到中国古代祭天的仪式，最后才写到天坛的建筑，这样就把天坛的建筑以及它背后的文化全部写清楚了。

我所出版的书籍，大多数是个人的专著，少数是我主编、多人合作的教材。此外，我本人，或者带着我的研究生还撰写并发表了200多篇论文。

今天回过头来看，我的精力几乎全部献给了文化遗产保护事业，而且只要我还能活动，我就将继续奉献。我今天仍然是岳麓书院古建筑的首席顾问专家，我在岳麓书院常说的一句话是："只要我还能走动，我就会一直守着它。"

名家问学

学习研究建筑历史和理论，目的是理解历史文化，继承和发扬传统文化中的精华，摒弃糟粕；学习研究修复保护文物古建筑，不只是为了修复而修复，而是为了保护优秀的文化遗产。

主要学术成就

著作

《中国古代建筑简史及作品鉴赏》,高等教育出版社,2023年
《中国建筑简史》,中国建筑工业出版社,2020年
《中国古代建筑艺术》,中国建筑工业出版社,2016年
《湖南古建筑》,中国建筑工业出版社,2015年
《礼制与建筑》,中国建筑工业出版社,2015年
《中国精致建筑100:北京天坛》,中国建筑工业出版社,2014年
《营建的文明——中国传统文化与传统建筑》,清华大学出版社,2014年
《中国精致建筑100:文庙建筑》,中国建筑工业出版社,2013年
《湖湘建筑》,湖南教育出版社,2013年
《古建筑设计理论与方法》,中国建筑工业出版社,2011年
《古建筑设计》,华中科技大学出版社,2009年
《湘西历史城镇、村寨与建筑》,中国建筑工业出版社,2008年
《湘西民居》,中国建筑工业出版社,2008年
《中国建筑艺术全集(第十一卷):会馆建筑·祠堂建筑》,中国建筑工业出版社,2003年
《礼的精神——礼乐文化与中国政治》,吉林教育出版社,1990年;《礼的精神——礼乐文化与政治》(韩文版),韩国东文选出版社,1993年

论文

《古代楚文化在湖湘建筑艺术中的遗存》,建筑遗产,2018年第3期
《中国湖南省新晃県トン族民家のかほうやと骨組との関係について》,日本建築学会計画系論文集,2001年第1期

文物保护项目

岳麓书院修复工程,主持设计,1992年延续至今
世界文化遗产西藏拉萨罗布林卡文物建筑数据采集保存,项目主持,2017年11月—2018年6月

郑 大 华

郑大华，1956年生，湖南永顺人。历史学博士，湖南省首批"芙蓉学者"，湖南师范大学特聘教授、博士生导师，湖南师范大学国家民委中华民族共同体研究基地首席专家，中国社会科学院优化后首批"长城学者"，近代史研究所研究员、博士生导师，并任国内外多所大学和科研机构的兼职教授、兼职研究员和国际学术顾问，享受国务院政府特殊津贴专家，中华民族团结进步协会专家委员会主任，第十三届全国政协委员，中央统战部建言献策专家组成员，湖南省人民政府原参事。

长期从事中国近代思想文化史和近代民族理论研究，出版著作19种、译著5种（含合译），主编主撰著作5种，点校、整理、选编资料10种25册，发表期刊学术论文180多篇，报纸学术文章30多篇，获国家及部、省级优秀成果特别奖2项、一等奖4项、二等奖3项、三等奖4项。

郑大华先生"学术足迹"示意图

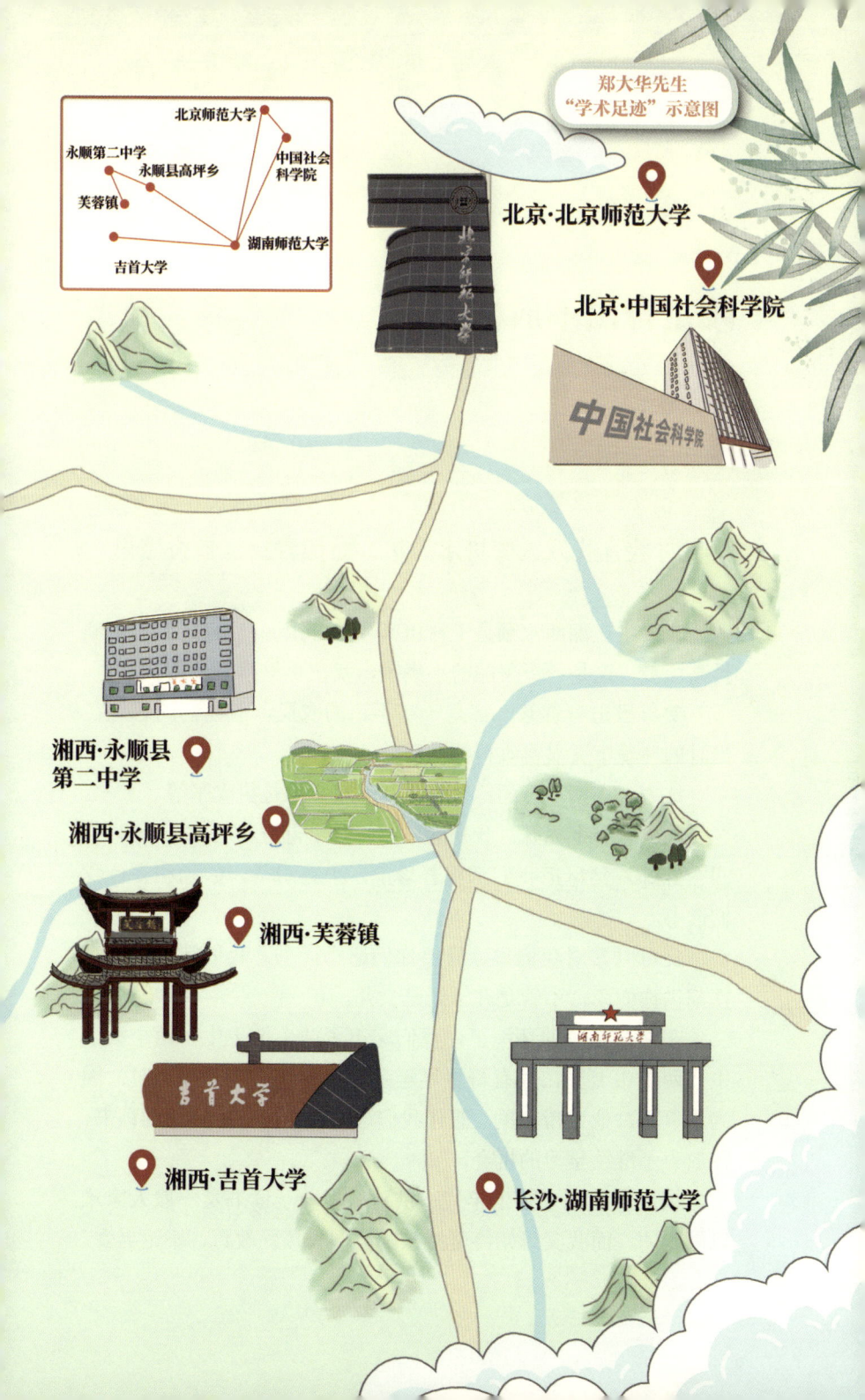

北京·北京师范大学

北京·中国社会科学院

湘西·永顺县第二中学

湘西·永顺县高坪乡

湘西·芙蓉镇

湘西·吉首大学

长沙·湖南师范大学

咬定青山不放松

父母教育我做人要讲求诚信、心地善良、懂得感恩

我出生在湘西永顺县王村镇（今芙蓉镇），后来迁到了永顺县高坪乡，这是一个美丽的小集镇，我在那里读书长大。

父母虽出身贫寒，都是一字不识的农民，但他们的思想在当时的环境下又显得难得的开明。

这表现在两个方面：一是重视教育，二是男女平等。

我们家有七兄妹，我是老二，我有个哥哥，还有一个弟弟、四个妹妹。父母把我们都视若珍宝，平等对待，鼓励和支持我们读书。

父母时常对我们说，只要你们愿意读书，我们就是砸锅卖铁都供你们读，不管是儿子还是女儿。

在那样艰苦的环境下，我们家出了两个博士生、两个大学生、两个中专生，只有哥哥早年参加了工作，恢复高考时，因为家里穷，他要帮家里，想让我们这些弟弟妹妹们更好地读书，便放弃了继续学习的机会。

在二十世纪七八十年代，供这么多孩子读书是一般人家难以做到的，而我父母始终坚持鼓励我们去接受教育，不论男女。

■郑大华（后排右一）七兄妹及下一代与父母合影

■20世纪90年代初，郑大华（后排右二）七兄妹与父母合影

　　我父母的开明，还体现在从来不用专制的思想替我们做决定，永远只给建议，采不采纳在于我们自己，绝不勉强。

　　我5岁上小学，1971年底从永顺第二中学毕业（那时的学制是小学5年、初中和高中各2年，春季入学，冬季毕业）。

　　毕业后我上山下乡，当了三年知青，因表现好，1974年被贫下中农推荐参加工作，工作单位是信用社，也就是现在的农村商业银行。

　　工作的地方离家很近，就隔条马路，对家里多有照顾。1977年恢复高考后，我决定试一试。然而当时我父母不是很赞成，希望我留下来照顾家里。

　　确实，在那时看来，高考对我而言并不是一个最好的选择，未来的路也不明朗。

　　但是，我这人天生不安于现状，有自己的理想和追求。

　　所以最后我还是参加了高考，也如愿考上了湖南师范学院（今湖南师范大学）。

　　当时我们全区（五个公社）1500多个考生，就我一个考上本科，可以说是千里挑一。

那时候我们家孩子多，父母很少管我们，但是在做人的根本原则上，他们却异常严格。

父母在对我们的教育中始终强调，做人一定要讲诚信，这是立身之本。

记得上小学的时候，我因一件小事撒了谎。父亲知道之后，把我痛揍了一顿。

那是不信奉棍棒教育的父亲，对我少有的几次动手之一。

从那以后，我再也不敢撒谎，而那颗叫作"诚信"的种子也深深地埋在了我的心里，伴随着父母的言传身教，它一点点生根发芽，进而影响了我的一生。

随着年岁的增长，我逐渐明白，善良比聪明更难，聪明是天赋，而善良是选择。

我的父母并不聪明，但是心地十分善良，他们告诉我做任何事都要对得起自己的良心。

前几年中国社会科学院组织专家休养，结束后要出照片集，每人要有个题词，我的题词是："学术求真、做人崇善、生活唯美。"

这也是我的座右铭。

其中"做人崇善"，就来自我父母的言传身教和对我的要求。

在我父母的心中一直有个记账的本子，当然，不是用来记金钱往来，而是记别人对我们家的恩情，是本名副其实的"人情簿"。

只要是帮助过我们家的人，父母总是会想方设法去报答。

他们经常对我们说，"以前是谁谁谁帮我们家"，"我们家最困难的时候又是谁出手帮忙的"，"你们要懂得感恩，以后也要记得报答他们"。等到我们工作后，他们经常会为别人的事情叫我们帮忙。我们也一直在尽自己最大的能力去帮助他们，除了那些超出能力范围和违反法律道德的事情。

我从我父母那里懂得,"感恩"是做人的基本原则。

到目前为止,我共出版了19部学术专著,每本书后我都要写后记,感谢我的父母、老师、领导、同事、家人、亲朋好友,以及一切帮助过我、关心过我、提携过我的人。

我从父母那里懂得,滴水之恩,应当涌泉相报。

老师教育我做学问要持之以恒,厚积薄发,守正创新

1977年高考的恢复改变了我的命运,我如愿考上了湖南师范学院政史系(今历史系)。

但当时湘西的教育十分落后,我的文化基础差,考分在全年级72名同学中垫底,我也没学过英语,26个字母都不认识,古文摸底考试只得了23分,全年级倒数第一名。

但我这个人从不认输,有湖湘文化的"吃得苦,霸得蛮"精神,我没学过26个字母,跟不上老师的课,便请来一位曾教过英语的老乡同学教我英语,后来我的英语成绩有了很大提高,毕业考试的成绩进入前几名。参加工作后,我还先后翻译或主持翻译过好几本英文名著,尤其是列文森的《儒教中国及其现代命运》,这是美国中国学的代表性著作之一,获得过美国第一届"东方学奖",影响非常大,翻译难度也非常大。

古文基础差,我便买了一本《古文观止》,天天读,最后倒背如流,这不仅丰富了我的传统文化知识,也提高了我的古文阅读和写作能力,期末考了90多分,也是名列前茅。

1981年底毕业时,以我的成绩是可以留校的,但因我是湘西的少数民族(土家族)考生,根据当时的政策,必须回家乡工作,于是我被分配到吉首大学当老师。

在吉首大学工作两年半后,1984年我又考上了湖南师范大

学的研究生,跟随中国著名历史学家林增平先生攻读中国近代政治史。

三年研究生毕业时,本来我也是可以留校的,林先生(时任校长)还把准备分给我的房子钥匙给了我,但我又再次向命运发起挑战,考取了北京师范大学的博士生,跟随著名马克思主义史学家龚书铎先生攻读中国近代思想文化史。

所以改革开放四十周年时,有次接受媒体采访,我说三次考试改变了我的命运。

我是幸运的,我的两位老师都是中国近代史研究大家,为人为学,堪称一代师表。

在跟两位老师攻读硕士、博士的六年时间里,两位老师的言传身教让我认识到,做学问一定要持之以恒,厚积薄发,守

■ 读研期间,郑大华(后排右二)及同学与林增平(前排左一)、王永康(前排右一)先生合影

正创新。

所谓"持之以恒",包含两层意思。

一是要耐得住寂寞,不受外面花花世界的影响,安心做自己的学问。

20世纪80年代末90年代初,也正是我跟随两位老师攻读硕士、博士时,不少年轻学子耐不住寂寞,或从政或经商去了。

我实际上也有从政或经商的机会,为此我征求过两位老师的意见,两位老师的意见是一致的,即根据我的品性,建议我老老实实做学问,他们认为只要我坚持下去,一定会做出成绩来。

我听取了两位老师的建议,坚持了下来,如果从我跟随林先生攻读研究生算起,我一心一意做学问已有40年之久。

二是在研究方向和选题上,不要打一枪换一炮,选好了方向和选题,就要坚持做下去。

正是在两位老师的言传身教下,我从来不会专为参加会议而写会议论文,也从来不申请与自己研究方向无关的课题,经费再多也不做。

20世纪90年代,做方志成为时尚,有地方找我,帮他们做方志,经费不少,尽管那时我很穷,穷得连23元公租房费有时都交不起,也没有答应。

所谓"厚积薄发",也就是要夯实基础,一步一个脚印,不要想入非非,不要想一口吃成个胖子。

唐代史学家刘知几曾提出,一个好的史学家要具备"史德、史识和史才"。

以我的理解,所谓"史德",就是要有良好的学风,要遵守学术道德和学术规范;所谓"史识",就是要有见识,也就是要有较强的理论思辨能力;所谓"史才",就是要有很好的驾驭史料和文字表达能力。

从我跟两位老师攻读硕士、博士的那天起,我就在两位老师的言传身教下，阅读了大量包含历史学知识、史料和理论的书籍，这为我后来的研究打下了良好的基础。

我现在对自己的学生也是这样要求的，要求他们多看书，尤其是理论方面的书，研究生一入学，我就会给他们开一长串书单，要他们认真学习，其中包括大量理论著作，并告诉他们，但凡有成绩的史学家，在理论上都达到了很高的水平。

所谓"守正创新"，"守正"，就是坚持历史唯物主义的基本原理，坚持实事求是的态度；"创新"，就是开辟新的研究领域，提出新的学术观点。

可以说，两位老师都是"守正创新"的典范，这也是他们能成为马克思主义史学大家的重要原因。我在跟随两位老师攻读硕士、博士期间，得到了两位老师"守正创新"的言传身教。

比如，在跟林先生学习和研究中国近代政治史期间，我发表了《重评〈钦定宪法大纲〉》等系列文章，在学术界较早提出清末的立宪之争不是传统所说的"真假立宪"之争，而是立宪的性质之争。这些观点提出后在当时产生过较大影响，系列文章被中国人民大学"复印报刊资料库"转载。

后来华中师范大学章开沅教授编写《辛亥革命与近代中国（1980—1989年论文选）》一书时，收录了我的《关于清末预备立宪几个问题的商榷》一文，章先生为该书写的代前言——《最近十年辛亥革命研究述评》中，还介绍了我的有关观点。这些观点现在已普遍为学术界接受。

此后，"守正创新"始终贯穿于我的研究之中。

最近，中国社会科学院近代史研究所原党委书记兼副所长周溯源先生为我新出版的《中国近代思想通史（1840—1949）》写了题为《系体大思精之作，有精雕细琢之功》的书评，从四个方面肯定了该书，其中第三个方面便是"守唯物史观之正，创学术范式之新"。

30余年磨一剑，出版国内外第一部个人著多卷多册《中国近代思想通史（1840—1949）》

我是1987年9月正式入门成为龚书铎先生的弟子的。

刚入学不久，有一天同系师兄薛军力给了我一份中国文化书院的通知，说要该院在京学员出席"梁漱溟思想国际学术研讨会"的开幕式。

薛师兄问我对此有没有兴趣。尽管我对梁漱溟了解不多，但还是怀着好奇的心情出席了那次会议。

大概是上午10点，我刚坐定，忽然一群人簇拥着一位头戴瓜皮帽、身穿旧式学者长袍的老人走上了主席台。

这时人们纷纷小声议论说，这位老者就是梁漱溟。

他的个子不高，两眼炯炯有神，根本不像一位94岁的老人。

会议开始后，其他人都是坐着发言，唯独梁漱溟是站着讲的。

他的嗓音不高，也没有发言稿，但是发言条理清楚，声音清晰有力。

他说他不是哲学家，不是学者，学问是误打误撞得来的。

我在他短短十多分钟的发言当中明白了什么是精神的力量，

■《中国近代思想通史（1840—1949）》（共3卷6册），315.6万字，由岳麓书社、人民出版社于2023年12月出版

郑大华的博士生导师龚书铎先生

什么是儒者的人格魅力，什么是伟人与凡夫俗子的区别……

听完梁漱溟先生的演讲，我就想到他的生平及思想不就是一个很好的博士论文选题吗？但是我又不知道能不能写。

当晚在跟龚先生聊天时便与他谈了自己的想法。我开始还担心龚先生不会同意，因为梁漱溟是文化保守主义思潮的代表人物。

但是龚先生不仅支持我以梁漱溟作为博士学位论文的选题，而且还把自己收藏的梁漱溟先生的著作都借给了我，要我好好读。

龚先生还跟我说，这年的12月初，全国第二次中国近代文化史学术研讨会将在湖南长沙召开，希望我写一篇梁漱溟的文章参加。

于是我以龚先生借给我的梁漱溟的著作为基础，再加上搜集的其他资料，写了一篇《梁漱溟对中国文化的认识与探索》，参加了此次会议。开完会，龚先生又指导我对论文作了进一步的修改，并推荐到《北京师范大学学报》上发表。

这是我发表的第一篇有关梁漱溟的文章，也是我发表的第一篇中国近代思想史的文章。

从此，我便走上了中国近代思想史的研究道路。

思想是人的思想。所以我研究中国近代思想史是从研究近代人物的思想入手的，先后研究过的人物有包世臣、龚自珍、魏源、徐继畬、冯桂芬、何启、胡礼垣、康有为、梁启超、严复、孙中山、章太炎、梁漱溟、胡适、陈独秀、张君劢、马一浮、冯友兰、贺麟、钱穆等，出版了国内外第一本系统研究张君劢生平和思想的著作《张君劢传》（中华书局1997年）、第一本系统研究包世臣生平与思想的著作《包世臣》（台北商务印书馆1999年）以及《梁漱溟与现代新儒学》（台湾文津出版社1993年）、《康有为》（香港中华书局2000年）、《民国思想家论》（中华书局2006年版）和《孙中山》（团结出版社2011年）等著作，发表研究人物思想的论文80多篇，并整理和出版了《晚清思想史资料选编》等资料10种25册，近千万字。

在研究人物思想的同时，我开始关注和研究中国近代思潮。中国近代思想史的一个突出特点，就是思潮的风起云涌。

我研究过的思潮有文化保守主义思潮、西化思潮、启蒙思潮、自由主义思潮、民族主义思潮、社会主义思潮、激进主义思潮、乡村建设思潮与运动、民族复兴思潮等，20世纪90年代初提出的文化保守主义的理论形态，是在认同传统的基础上反思传统，在批评西方的前提下学习西方，主张以中国文化为本位、为主体的中西文化融合或调和。

我在1994年出版国内外第一本以梁漱溟和胡适为中心、系统比较文化保守主义与西化思潮的著作《梁漱溟与胡适：文化保守主义与西化思潮的比较》（中华书局）；2000年出版国内外第一本系统研究民国乡村建设思潮和运动的著作《民国乡村建设运动》（中国社会科学出版社）。自2005年以来，我先后主持召开多次国际或全国学术研讨会，就中国近代史上的民族主义、自由主义、社会主义、保守主义、激进主义、中国近代民族复兴思想与实践进行研讨，主编和出版了《中国近代思想史研究集刊》等，发表相关论文70多篇。

如果说人物研究是微观研究，思潮史研究是中观研究，那么，通史研究则是综合性的宏观研究。

2005年以来，我在长期进行微观和中观研究的基础上，先后出版《晚清思想史》（湖南师范大学出版社2005年）、《民国思想史论》（社会科学文献出版社2006年）等，并对中国近代思想史的研究对象、研究方法、历史开端与分期、演化动力等重大理论问题展开研究，先后在《光明日报》等刊物发表《如何进一步深化中国近代思想史研究》等系列文章，提出自己的创新观点。

在上述研究成果的基础上，2023年12月，岳麓书社、人民出版社又出版了我研究中国近代思想史30余年成果之结晶、目前国内外第一部个人著多卷多册《中国近代思想通史（1840—1949）》，共3卷6册，315万多字。

中国社会科学院原院长、党组书记王伟光先生为书作序，从五个方面予以了充分肯定，称该书"拓展和深化了中国近代思想史的研究，是中国近代思想史研究的精品力作"。

除了《中国近代思想通史（1840—1949）》外，2023年6月，岳麓书社还出版了我和俞祖华主编的《晚清思想史资料选编》，共12册、520多万字。

我自研究中国近代思想史的那天起，便立下志愿，要写作一部能体现自己思想和能力的《中国近代思想通史》，整理和编辑一部比较大型的中国近代思想史研究资料，撰写一部中国近代思想史大事编年。

现在三项任务完成了两项，另一项已经有几十万字的初稿，需进一步扩充、整理和修改，任务还很艰巨，"革命尚未成功，同志仍须努力"。

研究近代中华民族复兴思想和中华民族观念，为新时代党的民族工作积极建言献策

进入 21 世纪后，我在研究传统意义上的中国近代思想史的同时，开始研究近代以来中华民族复兴思想和中华民族观念。

2005 年 8 月，纪念中国人民抗日战争暨世界反法西斯战争胜利 60 周年学术研讨会在北京昌平举行，我提交的参会论文是《"九一八"后的民族复兴思潮》。

该文于次年发表在《学术月刊》第 4 期上。

这是我发表的第一篇以民族复兴为题的学术论文，也是国内学术界早期为数不多的几篇研究中国近代民族复兴的学术论文之一。

接着，我又发表了一系列研究中国近代民族复兴思想的文章。

2007 年，我以"抗战时期知识界的民族复兴思潮"为课题申报湖南省高等学校科学研究项目重点课题，获得通过；2009 年，我又以"抗战时期（1931—1945）民族复兴思潮研究"为课题申报国家社会科学基金一般项目，获得通过；2011 年，我再次以"中国近代以来民族复兴思潮研究"为课题申报中国社会科学院重点课题，获得通过。经过数年努力，这三个课题都先后结项，等级全部为优。

2015 年 11 月，国家社科基金一般项目结项课题 700 余项，评为优秀等级的 14 项中，历史学只有 1 项，便是我的"抗战时期（1931—1945）民族复兴思潮研究"。

由学习出版社出版、全国哲学社会科学规划办公室编写的《国家社会科学基金年度报告（2016）》对本课题作了如下介绍："郑大华教授主持完成的'抗战时期（1931—1945）民族

复兴思潮研究'，是目前国内第一项关于中国近代以来尤其是'九一八'后的抗战时期中华民族复兴思潮的成果，开启了中国近代民族复兴研究之先河，既有重要的学术价值，也有很强的现实意义，最可贵的是，该成果在前人研究基础上以更加丰富的材料、更加深入的探讨，提出了自己的见解，构建了自己的理论体系，显示出作者思想史研究的深厚功底和扎实的学风。"

2017年，我出版了国内外第一部研究中国近代民族复兴思想的著作《中国近代民族复兴思潮研究——以抗战时期知识界为中心》，已入选中国社会科学文库和2016年度《国家哲学社会科学成果文库》。

同年，该书参加了"砥砺奋进的五年"大型成就展。2021年被评为湖南省社会科学优秀成果一等奖。

2018年，我又申报了国家社科基金重大招标项目"近代以来中华民族复兴思潮研究（多卷本）"，通过后正在进行有关研究，争取早日结项。

在从事有关课题研究的同时，我先后在报刊上发表了几

▪《中国近代民族复兴思潮研究——以抗战时期知识界为中心》

▪《中华民族复兴思想通论（1840—1949）》

▪《中华民族复兴思想通论（1840—1949）》入选中国社会科学院重大成果发布

十篇关于中国近代民族复兴思想的学术论文，并在此基础上整理修改为《中华民族复兴思想通论（1840—1949）》一书，于 2024 年 6 月出版，共 50 万字。该书先后入选中宣部主题出版重点出版物、国家出版基金项目和中国社会科学院重大成果发布。

我开始研究中华民族观念是在 2011 年。

那年我承担了国家民委的一个重大委托课题"中国近代民族主义研究"。此前，我研究中国近代民族主义，主要侧重于它的理论建构，研究成果之一《论中国近代民族主义的理论建构及其过程》发表在《华东师范大学学报》2010 年第 5 期上。

国家民委的有关同志看到这篇文章后，将"中国近代民族主义研究"这一重大课题委托给我，希望我把中国近代民族主义的研究与中华民族的研究结合起来。

自梁启超提出和使用"中华民族"这一观念后，不同时期的人都使用过"中华民族"这一观念，但由于政治立场、学术背景、民族理论等方面的不同，他们所使用的"中华民族"一词的含义是不同的。

梁启超认为中国是由汉族建立的，汉族是中国的"国族"，但"汉"是朝代名，不是中国的国名，中国的国名是"中华"，所以中国的"国族"应该称之为"中华民族"而不是"汉族"，这是他提出和使用"中华民族"的原因。

民国初年光昇、李大钊等人的"大中华民族""新中华民族"是在合"满、汉、蒙、回、藏"五族"之名为一名"的理由上提出来的，亦即随着"中华民国"的建立，不要再像清末时一样，把中国民族分称为"满、汉、蒙、回、藏"五族，而应统称为"大中华民族"或"新中华民族"。

"五四运动"后孙中山所讲的"大中华民族"是建立在"汉

化"之基础上的，亦是通过汉族对其他民族的同化来形成一个"大中华民族"。

到了"九一八"事变后的抗战时期，顾颉刚提出"中华民族是一个"，蒋介石提出"中华民族是国族"。

但无论是顾颉刚的"中华民族是一个"，还是蒋介石的"中华民族是国族"，其共同点都是认为中国只有一个"中华民族"，除中华民族外，不存在其他民族，所以蒋介石称汉、满、蒙、回、藏、苗等民族为"宗族"。

否认中国是一个多民族国家，这是顾颉刚的"中华民族是一个"和蒋介石的"中华民族是国族"的根本出发点和落脚点。

不承认中国是统一的多民族国家，有悖于中国是统一的多民族国家的国情，不利于各民族之间的平等和团结，因而遭到了中国共产党人和其他进步知识分子的批判。

在中国共产党方面，从建党初期到长征结束，中国共产党所使用的"中华民族"既可作"中国民族"解，有时又可作"汉族"解，而且在同一份文献中，"中华民族"和"中国民族"交替使用的现象非常普遍。

这说明此时的中国共产党没有对"中华民族"一词及其观念进行过认真研究，没有形成自己的"中华民族"观念，使用"中华民族"这一观念时具有一定的随意性。

中共六届六中全会前，时任中共中央宣传部副部长兼秘书长的杨松在中国共产党的历史上第一次对"中华民族"及其有关理论进行了研究，在《论民族》一文中称"汉族和汉化民族"为"中华民族"。

在中共六届六中全会上，毛泽东提出"中华各族"。

1939年12月毛泽东发表《中国革命和中国共产党》一文，其中第一小节是"中华民族"，提出"中华民族"这一观念具有三个基本含义，即：

一、中国是一个统一的多民族国家，除汉族外，还有几十个少数民族；

二、"中华民族"是汉族和几十个少数民族组成的民族共同体的称谓，或者说"是代表中国境内各民族之总称"；

三、中华民族内部各民族不分大小，一律平等。

这是毛泽东对"中华民族"最全面和最权威的论述，也是中国共产党成立以来党的领导人对"中华民族"最全面和最权威的论述。

从此，毛泽东所确立的"中华民族"观念的基本内涵，成了中国共产党人和中国各族人民的共同认识。

我们现在就是在毛泽东所确立的"中华民族"这三个基本含义上使用"中华民族"这一观念的。

由此可见，自1902年梁启超提出和使用"中华民族"观念以来，不少人都使用过"中华民族"这一观念，但各自的"中华民族"及其含义是不同的。

我们不能一看到"中华民族"就以为是我们现在所讲的"中华民族"及其含义。

目前学术界流行这样一种观点，说梁启超是现在"中华民族"这一观念的最早提出者。

说梁启超是"中华民族"这一提法的首创者这没有错，但他提出的"中华民族"是"国族"意义上的"汉族"，而非我们现在所使用的"中华民族"这一观念。

实际上，不仅是梁启超，孙中山、蒋介石等政治人物，傅斯年、顾颉刚等学者在当时所使用的"中华民族"也不是我们现在所使用的"中华民族"观念，我们现在所使用的"中华民族"及其含义是毛泽东1939年在《中国革命和中国共产党》一文中提出来的。

现有的一些研究成果对1902年后人们是在什么样的内涵

上使用的"中华民族"这一观念缺少必要的深入辨析，尤其是有关成果都不是以中国共产党为重点进行考察或研究，中国共产党是现在我们所使用的"中华民族"这一观念及其含义的提出者，但在不少已有的研究成果中却处于从属甚至边缘化的地位。

因此，有必要以中国共产党为重点，对"中华民族"这一观念从提出、发展到形成的过程作一全面而系统的考察，看中华民族是如何完成从"自在"到"自觉"的伟大转变的。

这便是我研究中华民族观念的缘起和初衷。

所以，与现有的一些研究成果不同，我的研究视角不在于"中华民族"这一观念是怎样被人们接受和使用的，而在于人们在接受和使用"中华民族"这一观念时，是在什么样的内涵上接受和使用的。

也正因为研究视角的不同，带来了一系列研究观点和内容的创新。

我研究中华民族观念的阶段性成果《从自在到自觉：中华民族观念的提出、发展和形成》（上下册，120万字）入选2024年度《国家哲学社会科学成果文库》，近期将由中国社会科学出版社出版。

我在从事近代中华民族复兴思想和中华民族观念研究的同时，结合自己的研究，积极为新时代党的民族工作建言献策，我提出的有关建议和提案，多次得到党和国家领导人的重要批示。

2020年，全国政协开展委员线上读书活动，我在多个读书群里担任主持和导读，谈得最多的便是新时代党的民族工作。

▎2023年1月17日上午，郑大华获颁全国政协委员优秀履职奖

也是在一次次互动交流中，在一个个问题解决中，郑大华对于"中华民族"的观念研究越来越成熟，并取得了丰硕的建言成果。

他谈起几个让他印象深刻的问题。

有领导问，怎样认识费孝通先生在20世纪90年代初提出的现代化是否等同于汉化的问题？郑大华通过阐述系列例证回复道，现代化不等于汉化，因为现代化不是哪一个民族的专利，而是人类社会发展的要求；汉族在现代化，少数民族也在现代化，只是汉族可能比少数民族先一步现代化而已。如英国最早开始工业化，但后来的国家进行工业化，并不叫英国化，因为工业化不是英国的专利，而是人类社会的进步要求。

有委员提出，能否用带有原始社会解决矛盾的传统方式，如喝酒数豆来解决现代社会的矛盾问题？郑大华表示，民族文化的差异性并不等同于民族文化的落后性，我们要包容民族文化的差异性，而不是保护民族文化的落后性，一些在现代社会中已经落后、但有其历史价值和文化价值的东西，我们可以把它们作为非物质文化遗产保存下来，但不能推广和提倡。

……

就是这样深入浅出的问答思辨，吸引着越来越多的委员开始关注以往觉得高深难懂的民族问题，也让郑大华对于民族问题的见解越来越系统化……

以上是2023年1月28日《人民政协报》对我采访的报道。

正因为我在做好新时代党的民族工作方面发挥了一定的积极作用，所以得到了全国政协领导的充分肯定，并获得2022年度全国政协委员优秀履职奖，是当年获此殊荣的20位委员之一。

2023年初，我被国家民委领导提名为中华民族团结进步协会专家委员会主任，2023年底又被推荐为湖南师范大学国家民委中华民族共同体研究基地的首席专家。

关注近代湖湘文化研究，推动湖湘文化的创造性转化和创新性发展

我对湖湘文化研究的关注较早，但发表的第一篇关于湖湘文化的文章是在2004年。

那年的3月9日，我应《光明日报》理论版之约在《史学专栏》上发表了一篇题为《如何深化近代湖湘文化研究》的文章，针对当时湖湘文化研究的状况，提出要进一步深化近代湖湘文化的研究，首先就必须把它放在近代中国文化这一大背景中加以考察，以厘清它与近代中国文化的互动关系。

检视已有研究成果，大多是就近代湖湘文化而论近代湖湘

文化，很少涉及近代湖湘文化与近代中国文化的关系问题。

因而，在评价近代湖湘文化的历史地位和作用时，往往很难实事求是。

其次，在加强对近代湖湘文化与近代中国文化互动关系研究的基础上，还要加强其与诸如岭南文化、江浙文化、三秦文化、齐鲁文化、中原文化、巴蜀文化等区域文化的比较研究，只有通过与其他区域文化的比较，我们才能对近代湖湘文化在近代中国文化中的地位和作用有更清楚的认识，也才能更准确地把握近代湖湘文化的特征。

再次，应加强对近代湖湘文化形成和发展之社会原因的研究。

近代湖湘文化从沉寂到兴盛的转折点是曾国藩湘军的兴起，所以加强对湘军兴起前后湖南的人口结构、经济结构、阶级结构、政权结构、知识结构、土地占有关系、乡风民俗、士人意识等方面变化的研究，从中找出近代湖湘文化兴起和发展的原因，是进一步推进湖湘文化研究的应有之义。

我在该文中还明确提出，已有的研究成果几乎无一例外地把经世致用和爱国主义作为近代湖湘文化的主要特征或精神，这值得商榷。

以经世致用而论，它是中国儒家文化的精华，是历代知识分子一以贯之的优良传统和价值取向。

不仅近代湖南的知识分子如此，近代其他地方的知识分子也是如此，比如嘉（庆）道（光）年间，湖南的陶澍、贺长龄、魏源等人主张经世致用，形成了一个被人们称之为"嘉道经世派"的人才群体，但浙江的龚自珍，安徽的包世臣、姚莹，福建的林则徐，山西的徐继畬，江西的黄爵滋等人也都主张经世致用。

既然经世致用不是近代湖湘文化所独有的东西，它也就不能成为近代湖湘文化的特征。

至于把爱国主义说成近代湖湘文化的特征，那就更失之毫厘、差之千里了。

因为爱国主义是近代中国文化的时代旋律，近代湖南人爱国，其他地方的人也一样爱国。

中国近代史上涌现出一大批著名的爱国人士，湖南人只占其中的一部分。

如果说爱国主义是近代湖湘文化的特征，那么它也应该是岭南文化、江浙文化或其他区域文化的特征。

我提出真正能称之为近代湖湘文化特征或精神的，是从古代湖湘文化中继承下来并加以发扬光大的那种敢为天下先，"无所依傍、浩然独往"，勇于奋斗、不怕牺牲的"特别独立之根性"，也就是民间通俗所说的"吃得苦、霸得蛮、扎硬寨、打死仗"的精神。该文发表后，曾产生过较大反响。

在此后的一些采访和文章中，我又提出如果把近代湖湘文化放在近代中国文化的大视野中进行研究和评价，那么近代湖湘文化的历史地位，可以概括为两个方面：一是"开风气之先"，二是"担中流砥柱"。

我尤其强调我们要一分为二地评价湘军，既要看到湘军在将湖湘文化发扬光大、推进中国近代社会转型方面所起的积极作用和历史地位，也要承认湘军的兴起对湖南历史的发展也产生过非常不好的影响。

我们必须承认，湘军是镇压农民起义的产物，双手沾满了农民起义军的鲜血。

太平天国虽然有这样那样的问题，但它是农民起义军这点不能否定，农民之所以起义，是要反抗封建的压迫和剥削，所以有它的合法性和合理性。

在大是大非面前，不能含糊。湘军是历史的产物，我们对

"湘军"一词的使用要慎重,把什么都称为"湘军",这恐怕不妥,对湘军人物也应有不同评价。

比如,对曾国藩和左宗棠,评价就应该不同。

曾国藩和左宗棠,他们都镇压过太平天国,也都对推动中国现代化作出过重要贡献,在这两个方面,他们没有什么不同,他们的不同主要是在对待西方列强的侵略上,概括地说,曾国藩主张妥协退让,而左宗棠则主张坚决抵抗,为收复新疆,左宗棠以69岁的高龄,带病的身躯,冒着盛夏的酷热抬着棺材出关,最终迫使沙俄重新与中国订立《伊犁条约》,中国收复了被沙俄乘新疆动乱而占领的伊犁及附近的大部分领土。

但现状是,湖南研究曾国藩的成果可以说是汗牛充栋,而研究左宗棠的成果则不多见。

这一不正常的现象应引起我们的高度重视。

我还提出,和任何文化一样,湖湘文化既有精华,也有糟粕。"敢为天下先"的创新精神、"以天下为己任"的担当精神、"扎硬寨,打死仗"的奋斗精神,激励着一代又一代的近代湖南人为民族独立、社会进步、人民解放而上下求索,为我们留下了十分宝贵的精神遗产。这是湖湘文化的精华,我们不仅要继承,而且要把它发扬光大。

但湖湘文化的糟粕也不少。比如,湖湘文化重政治、重军事,而轻经济、轻实业;"吃得苦,霸得蛮"是湖南人的优点,但有时又容易失去理性,不讲道理地蛮干;近代湖南人既以"敢为人先"著称,同时又以保守落后出名。

这些都是湖湘文化的糟粕,我们必须抛弃,以实现湖湘文化的创造性转化、创新性发展。

也许我的上述观点是发前人所未发,因而引起了有关方面的注意。

2023年7月9日,我应邀参加了湖南省委书记沈晓明同志主持的"湖湘文化"茶叙会，当时参加茶叙会的专家共四位，除我外，还有王跃文、唐浩明和朱汉民。我在茶叙会上汇报了我的上述观点。

2023年10月10日，我又应邀为十二届湖南省委理论学习中心组第二十五次集体学习作辅导报告，题目是《深入学习贯彻习近平文化思想，推动湖湘文化创造性转化、创新性发展》。

回顾研究中国近代思想史的心路历程，可以用郑板桥的那句诗"咬定青山不放松"来概括。这40年来，我一心一意从事中国近代思想史研究，没有干过别的事情，就像愚公一样，每天挖山不止，年深日久，成果自然也就多了。

我认为做学问没有别的窍门，关键是要持之以恒，要下苦功，千万不能见异思迁，站在这山望那山高。别人说我成果多，我不否认，但我必须指出，我学习、研究的时间，也要比一般人多得多，我每天工作的时间都在12个小时以上，晚上很少有12点钟之前休息的，一般也不过节假日，除新闻联播外从不看电视。花的时间多，成果当然也就多。要是三天打鱼，两天晒网，哪来成果？另外，就是方法，其中也包括研究领域和选题。

我在20年前接受期刊《历史教学》的《著名中青年学者访谈》专栏采访时说的话，也是我今天最后要说的话：我做学问的经验，就是"咬定青山不放松"。

名家问学

学术求真、做人崇善、生活唯美。

主要学术成就

著　作

《中国近代思想通史（1840—1949）》，岳麓书社、人民出版社，2023 年
《中国近代思想脉络中的民族主义》，社会科学文献出版社，2018 年
《中国近代民族复兴思潮研究——以抗战时期知识界为中心》，中国社会科学出版社，2017 年
《中国近代思想脉络中的文化保守主义》，湖南人民出版社，2015 年

课　题

国家社会科学基金重大项目：近代以来中华民族复兴思潮研究（多卷本），2018 年
国家社会科学基金重点项目：中国共产党"中华民族"观念的形成与发展研究，2016 年
国家社会科学基金特别委托项目：中国梦与中华民族复兴历程研究，2013 年
国家社会科学基金一般项目：抗战时期（1931—1945）民族复兴思潮研究，2009 年

文　章

《论新民主主义革命时期中国共产党对少数民族的认识》，近代史研究，2023 年第 6 期
《论清末革命派和立宪派在"民族建国"理论上的分歧与争论》，民族研究，2022 年第 3 期
《论晚年孙中山"民族建国"思想中的"民族"问题》，民族研究，2020 年第 4 期
《铸牢中华民族共同体意识》，人民日报，2019 年 2 月 27 日
《历史教育与民族复兴：抗战时期学术界对历史教育于民族复兴之意义的认识》，史学理论研究，2017 年第 3 期
《抗战时期有关"中华民族复兴"的讨论及其意义》，民族研究，2016 年第 3 期
《论杨松对民主革命时期中国共产党民族理论的历史贡献》，民族研究，2015 年第 3 期
《论晚年孙中山"中华民族"观的演变及其影响》，民族研究，2014 年第 2 期
《"中华民族"自我意识的形成》，近代史研究，2014 年第 4 期

陈 松 长

陈松长，1957年生，湖南新化县人。原湖南省博物馆副馆长、湖南大学岳麓书院原副院长。现任湖南大学岳麓书院二级教授、博士生导师、享受国务院政府特殊津贴专家，马王堆研究院首批特聘研究员，古文字与中华文明传承发展工程湖南大学分中心首席专家，湖南大学简帛文献研究中心主任，湖南大学中国简帛书法艺术研究中心主任、西泠印社社员、中国书法家协会会员，香港大学饶宗颐学术馆兼职教授，湖南省九歌书画院院长，兼任中国秦汉史学会常务理事、中国古文字学学会理事；湖南省文物鉴定委员会鉴定专家组成员；《简帛研究》《简帛》《出土文献》《简牍学研究》等学术杂志编委。曾为美国芝加哥大学、法国巴黎高等研究实践学院等全球多所大学访问教授。出版《马王堆汉墓文物》（合著）等学术著作30余种，在国内外学术刊物上发表论文130余篇。

陈松长先生"学术足迹"示意图

德国·汉堡大学

法国·巴黎高等研究实践学院

日本·京都大学

美国·芝加哥大学

长沙·湖南博物院

长沙·岳麓书院

长沙·湖南师范大学

娄底·新化县

台湾·中国文化大学

香港·香港中文大学

却顾所来径——我的简帛研究之路

简帛研究是一个当今海内外学术界高度关注和热潮不断的研究领域，湖南则是全国出土简牍数量最多，且唯一出土典籍类帛书的地方，是名副其实的简帛大省和简帛故乡，同时也是中国简帛研究的重镇之一。

我作为一个从事简牍文献与秦汉历史研究的学者，有幸赶上了这个地不爱宝的时代，赶上了一个简帛文献整理研究蔚为壮观的学术大潮，并有幸参与其中，为湖南乃至全国的简帛文献研究略尽了一点绵薄之力，至今想来都颇感欣慰。

李白有诗云："却顾所来径，苍苍横翠微。"回顾我近40年的学术历程，真有一种回首一片苍茫明翠的感觉。

我之所以走上简帛研究之路，得益于海内外简帛学界师友的提携和帮助，同时也得益于特定的工作环境和特别的机缘。

简帛研究的缘起

早在20世纪80年代中期，我在湖南师范大学中文系师从周秉均教授攻读硕士学位的时候，我对简帛研究还可以说是完全不了解，当时只是在周老师的指导下，系统地学习了语言文字学的基本功课，对中国传统小学研读中的文字、音韵、训诂等方面进行了比较严格的训练，打下了从事简帛研究的基础而已。

1988年6月，研究生毕业后，我选择到湖南省博物馆（今湖南博物院）工作。我先是被安排在保管部工作，主要是协助各库房的保管员从事文物的清库建档工作，一干就是三年，但这三年为我熟悉馆藏文物和后来的简帛文献研究打下了难得的基础。

1991年8月在甘肃兰州参加的首届中国简牍学国际学术研讨会和1992年的国家社会科学一般项目"马王堆帛书竹简文字汇编"，可以说在很大程度上将我推上了秦汉简牍研究的大船。

1990年开始，为参加甘肃省文物考古研究所和甘肃省博物馆等单位联合在兰州举办的首届中国简牍学国际学术研讨会，我准备了一篇有关马王堆三号汉墓出土7块木牍的参会论文，论文除了解读这7块木牍的文字内容之外，主要讨论了"纪年木牍"的性质等问题。

很幸运的是，当时主持我们小组讨论的专家是日本关西大学著名的简牍学者大庭修先生，他在点评与会论文时，对我那篇小文章给予了充分的肯定。

也许对大庭修先生来说，这只是一种随口的点评，但对我这个后学来说，却是一种无形的鼓励。

特别是在茶歇的时候，他还通过翻译向我询问马王堆简牍的研究情况，并对马王堆三号汉墓纪年木牍的性质谈了他的意见。这种不经意的学术交谈，在很大程度上增加了我从事秦汉简牍研究的兴趣。

不仅如此，通过这次会议，我认识了从事秦汉简牍与历史研究的众多学者，如周天游、熊铁基、胡平生、李均明、王子今、孙家洲、张德芳、何双全等，还结识了好些日本从事秦汉简牍研究的学者，如藤田胜久、籾山明、大西克也等，进而开始了我30多年的秦汉简牍研究之旅。

马王堆帛书的研究

1992年，当时各高校申请国家社会科学基金项目远不是现在这么热闹，我有感于马王堆简帛文字尚没有可供检索查找的工具书，就根据自己的学业所长，申报了"马王堆帛书竹简文字汇编"的课题，没想到的是，竟然很幸运地获得了国家社会科学基金项目的资助，虽然当时的课题经费才两万元，但在湖南省博物馆还是没有先例的事，当时的湖南省哲学社会科学规划基金办公室还特别请我去介绍情况。

其实，这大概是因为"马王堆简帛文字编"是当时学界很期待的资料工具书吧，而我也因这个课题的研究进入简帛文字研究的行列。

1991年底，馆里安排我到办公室工作，主要是为筹备即将于1992年举办的中国长沙马王堆汉墓国际学术研讨会，旨在纪念马王堆汉墓挖掘20周年。而这次会议的筹备和成功举办，更是有力提高了我从事简帛研究的热情。

说实在的，当时我对马王堆帛书尚没太多的了解，负责全馆业务工作的傅举有副馆长出于对我的信任，邀我和他一起为研讨会编一本马王堆文物的介绍图书，即后来学界高度认可的《马王堆汉墓文物》一书。

他说我是学中文的，要我负责马王堆帛书部分的编选。现在想起来，当时的我也是初生牛犊不怕虎，就凭着一股热情就接受了这个其实很不容易的任务。没想到的是，就因为这次对马王堆帛书的编选，无意中将我推上了马王堆帛书的研究之路。

最开始接受这项任务时，我想得比较简单，以为就是将马王堆帛书中没有发表的资料梳理一下，挑选几件比较完整的帛书发一个图版就行了。

可在编选的过程中，随着出版社对该书的重视度不断提高，最后成为原新闻出版总署的重点出版图书，故对该书的编选要求也在不断提高，以帛书的编选为例，原计划是每件帛书发几张代表性图版的，后来却要求既要图版高清，还要求资料相对完整，特别是新发的帛书资料，都要按文献整理的要求全部附上释文。

这对我来说，无疑是严峻的挑战，当时在长沙可真没几位可请教的老师，除了向周世荣先生偶有请教外，完全是自己摸着石头过河，艰难地给帛书易传《系辞》、帛书《刑德》乙篇作出了释文，特别是对《系辞》的选择和释文，我并没采用于豪亮先生在《易传》研究文章中将《系辞》与《二三子问》合为一篇的分法，而是参照传世文献，将《系辞》一篇单独列出，编发了图版和释文。没想到这种分法居然得到了易学界专家的认可，这也在很大程度上增加了我从事简帛研究的信心。

而有关《刑德》乙篇的释文更是促成了我后来对帛书《刑德》甲、乙、丙三篇的系列研究。

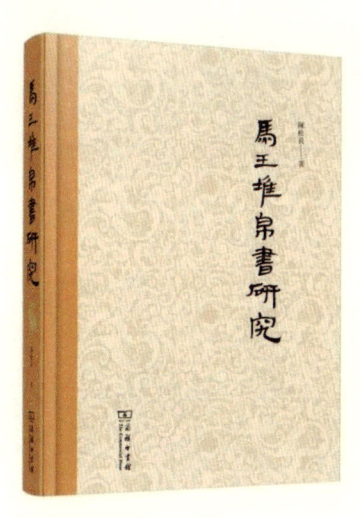

■《马王堆帛书研究》

■1996年，陈松长陪同饶宗颐先生在君山考察

■马王堆帛书

正是通过这次对马王堆帛书的编选，我在1992年8月召开的中国长沙马王堆汉墓国际学术研讨会上，有幸认识了李学勤、陈鼓应、李零、张光裕等著名的国内学者和日本东京大学的池田知久教授、美国芝加哥大学的夏德安教授、法国巴黎高等研究实践学院的马克教授等，从而与许多国内外马王堆帛书研究的顶级专家成为忘年之交。

特别是香港中文大学的张光裕教授，在会上还邀请我去香港中文大学参加即将举办的第二届国际中国古文字学研讨会，这对我这个刚开始进行简帛文献研究的后学来说，无疑是最大的鼓励和提携。

1993年春夏之交，我应邀参会，作为最年轻的参会学者之一，我在会上认识和拜见了中国古文字研究的著名学者饶宗颐先生和胡厚宣先生，会上不仅有幸领略他俩的学术风采，还可面聆他们的亲切指教。

如饶宗颐先生在得知我做马王堆帛书的整理工作后，专门约我到他的办公室询问和了解马王堆帛书《周易》的整理情况，并作诗一首相赠，以资鼓励，其诗云：

岭似儿孙相率从，凭高喜见九州同。
陇岷嵩岱都行遍，更上朱陵第一峰。
松长尊兄两正，选堂书祝融峰绝顶句。

这既是饶先生登南岳祝融峰时的感慨，也是对我这个后学的期许和鼓励。可以说，自此之后，我就不断得到饶先生的指点。

也是在这次会议上，我有幸与胡厚宣先生同桌就餐，胡先生在询问研究状况时，得知我正在整理马王堆帛书书迹资料，非常高兴，一口应承给我题写书名，并于回到北京后不久，由其子胡振宇先生将题字寄送给我。

而饶宗颐先生更是欣然给我编写的《马王堆帛书艺术》一书撰写序文，对我所作的帛书书体分类和编排给予高度评价，为该书的出版和后期的国家图书评奖增色不少。

可以这么说，自1991年的首届中国简牍学国际学术研讨会、1992年的中国长沙马王堆汉墓国际学术研讨会和1993年的第二届国际中国古文字学研讨会后，我的研究方向和研究范围就基本确定在马王堆帛书和秦汉简牍了。

在我从事简帛研究的道路上，一是有各位前辈学者的关照和提携。如傅举有与我共同编著的《马王堆汉墓文物》一书出版发行后，当时在北大的陈鼓应教授就鼓励我继续马王堆帛书《易传》的整理和研读，同时在他所主编的《道家文化研究》杂志第三期上，以马王堆帛书《周易》研究为专题，邀请海内外从事《周易》研究的专家撰稿，出版了一本非常厚重的马王堆帛书《周易》研究的专辑。我当时作为最年轻的学者之一，也忝列其间，增加了我从事简帛研究的信心，相继撰写了几篇有关马王堆帛书《易传》研究的论文，同时也结识了国内外许多从事《周易》研究的学者。

二是根据自己的认知去选择研究方向。我在编著《马王堆汉墓文物》一书的马王堆帛书资料时发现，帛书数量众多、书体各异，一般研究者的视角多注重其文字内容的解读，对其书法价值鲜有论及，于是我就尝试将已发表的所有马王堆帛书资料汇集起来，按书体将其分成篆隶、古隶、汉隶三大类，并按其抄写的大致年代排序，在1996年由上海书店出版社编辑出版了一本名为《马王堆帛书艺术》的书。

该书的书体分类中，我第一次提出了"篆隶"的概念，完全否定了原帛书整理小组所定名的《篆书阴阳五行》和《隶书阴阳五行》的说法，我认为马王堆帛书虽书体多样，但实际上并没有篆书，其本质都属于隶书，只是这隶书各有不同的特征而已。

所谓"篆隶"，其重心是隶，也就是用篆书的结构，隶书的笔法写出来的时代相对较早的隶书。

这种认识，虽多有人质疑，但饶宗颐教授却在所赐序文中给予高度认可。他指出：

"汉初高祖、孝文之际，为书体篆、隶蜕变之关键时期，陈君松长《马王堆帛书艺术》一书，分析軑侯墓出土文书为三大类：篆形而隶势，一也；古隶旧貌，二也；汉隶新型，三也。譬之草木，区以别矣，所论可谓扼要。然篆实有二类：笔画圆浑者为玉箸，落笔重而收笔缩小者为悬针。悬针一体，侯马盟书与楚帛书为其所自出，则全不见于马王堆，盖楚人书风发展另有他途，非此之所及者。故軑侯墓书体，一言以蔽之，纯以隶势为主力，殆所谓八分是矣。"

饶先生对我所分的篆隶、古隶、汉隶作了很好的解释，所谓"篆形而隶势"就是对我所说"篆隶"的准确分析，而"纯以隶势为主力"，即充分肯定了我认为马王堆帛书均为隶书的见解。正因为有饶先生的肯定和加持，故该书自出版以来，一直是马王堆帛书艺术研究必备的参考书之一，而这也是我在简帛文献研究的同时展开对简帛书体研究的开始。

1996年，由国家文物局离休干部谢辰生先生牵头，重新启动了马王堆帛书整理小组的整理工作，这主要是鉴于马王堆帛书从1974年出土以来，原整理小组计划整理出版的六卷本马王堆帛书只出版了第一、三、四卷，还有三卷一直没有完成，故国家文物局请谢辰生先生牵头，组织北京和湖南的相关人员重新组成马王堆帛书整理小组，即请李学勤先生作组长；原整理小组负责图片资料的吴铁梅先生，当时中国文物研究所的李均明、刘绍刚和历史所的刘乐贤，以及湖南省文物考古研究所的周世荣和我作为整理小组成员；在北京沙滩红楼召开了帛书整理小组的重启会议，并作了简要分工。其中帛书第二卷，即《周易》部分是张政烺先生整理的，依旧不变。我们所作的主要是第五、六卷数术类的内容。当时的分工是李学勤先生全面负责，李均明和周世荣负责有关帛图的整理，刘乐贤负责《阴阳五行》甲乙篇的整理，刘绍刚负责《天文气象杂占》的整理，我则负责《刑德》甲、乙、丙三篇的整理，同时负责所有帛书图片的重新拍摄和洗印。

会议之后，我们从文物出版社和湖南省博物馆资料部核查了现有的文物底片情况，专门请文物摄影专家对部分帛书进行拍摄，然后拿到当时洗印照片技术最好的浙江省博物馆，请专业师傅洗印了供研究用的两套图片，分别给各整理者进行整理、研读。

尽管这次马王堆帛书的重新整理没延续多久，因种种原因并没有完成另三卷的整理出版工作，但对我来说，这次的整理工作，促使我对马王堆帛书《刑德》展开了比较深入的研究，相继撰写了几篇关于帛书《刑德》甲、乙篇的研究论文，分别在《文物》等杂志上发表。

后来这些文章又集结一起，于2001年在台湾古籍出版社出版了《马王堆帛书〈刑德〉研究论稿》一书，这可以说是1996年马王堆帛书整理小组重新启动后，我从事帛书《刑德》研究的一个小结。

我还和刘绍刚先生一起作了《天文气象杂占》的重新拼缀工作，补上了不少残片，收获甚多。

在这段时间内，我还应约为中国大百科全书出版社出版的史话系列丛书撰写了《帛书史话》一书，该书2000年出版，其内容主要是对长沙出土的楚帛书的流传经过和马王堆帛书的研究成果作了一次较为全面的梳理和介绍，同时也丰富了自己对楚汉帛书的认知。

1999年，我的简帛研究开始融入海外简帛学界的各种研究，这主要得益于饶宗颐先生的提携和关照。同年11月至2000年5月，我应饶宗颐教授之约，前往香港中文大学文物馆整理该馆购藏的简牍。

应该说，这次的简牍整理之旅，既是我第一次出境访学，也是我融入境外简帛研究学界的开始。

半年内，我不仅可以随时向饶先生请教，而且可以在香港中文大学图书馆和该校中国文化研究所的资料室查阅各类书刊，并参加或旁听各种学术会议和专题报告，应该说，这半年犹如一次短期的学术研修，在很大程度上拓展了我的研究视野。

整理项目顺利完成后，香港中文大学文物馆的同行更是非常迅速地将我的整理报告以《香港中文大学文物馆藏简牍》为名于次年（2001年）出版，饶宗颐先生更是亲自作序，对该书的整理出版给予高度评价，内地学者也因该书的出版对香港中文大学文物馆藏简牍有了大致的了解，其中的"序宁简""河堤简"和晋代的"松人"解除木牍等一时成为简牍学界讨论的热门话题之一。

2001年可以说是我学术研究成果集中刊布的一年，这年我相继出版了3部研究著录，一本是我第一次出境访学的成果之一——《香港中文大学文物馆藏简牍》，另一本是我自1996年以来对马王堆帛书《刑德》研究论文的一次集结——《马王堆帛书〈刑德〉研究论稿》，还有一本是2001年8月由文物出版社出版的《马王堆简帛文字编》，是1992年国家社会科学基金资助项目，经过近8年的艰苦努力，终于得以出版。

该书是在当时计算机信息技术并不发达的情况下，采用传统的剪贴照片方式，在保证不摹写、不失真的原则下，请当时湖南省博物馆的郑曙斌、喻燕姣两位同仁协助，共同努力编写出来的，虽不尽完美，但在当时尚以摹写为主编著文字编的时代，已是非常难能可贵的了。该书已由文物出版社于2023年重印，由此亦可略知其书还是一部颇受读者欢迎的工具书。

2003年5月，我因马王堆帛书《刑德》的研究而应法国巴黎高等研究实践学院马克教授之邀，前往法国巴黎作了为期一个月的学术访问，其间除了在该学院作了几场有关马王堆帛书《刑德》和其他数术类文献的讲座之外，用大量的时间参观了巴黎各大博物馆，同时还在法国远东学院图书馆调阅了不少西北汉简和敦煌卷子的微缩照片，在很大程度上拓宽了视野，同时也结交了不少法国学者。

2005年3月至5月，因对马王堆帛书《老子》甲乙本的整理研究，我应德国汉堡大学亚非学院的傅敏怡教授之约，前往德国汉堡大学进行为期两个月的访问，其间虽主要是与傅教授的博士李孟涛先生一起讨论研究马王堆帛书《老子》甲乙本的文本特征，但对我来说，则是借助马王堆帛书《老子》文本特征的讨论和研究，让我对西方文本学研究有了比较直接的了解，同时也对自己多年来所从事的马王堆帛书研究有了不同程度的反思。更为重要的是，通过这次访问，我对汉堡大学亚非学院和写本文化研究中心有了充分的了解，并与傅教授成了学术知音，开始了我们之间近20年的学术交往。

应该说，在2006年以前，我的主要精力都用在马王堆帛书的研究方面，偶有古代玺印的研究著作问世，如在2004年于上海辞书出版社出版了《湖南古代玺印》一书，但那都是在马王堆帛书研究之暇所作的零碎研究而已。

2006年以后，因工作单位的调动，也因特殊的机缘（湖南大学岳麓书院从香港古董市场抢救性地回购了一批珍贵的秦简），我的研究重心从马王堆帛书转向秦汉简牍的研究。

岳麓书院藏秦简的研究

2006年7月，我调入湖南大学岳麓书院工作，本来的构想是借助高校的科研机制继续做好马王堆帛书的研究工作，但特殊的机缘，改变了我的研究方向。

2006年12月，我应邀去香港参加饶宗颐先生90大寿的学术研讨会，会上见到了好久不见的香港中文大学的张光裕教授，他很关切地询问我的现况，我如实报告：我已从湖南省博物馆调入湖南大学岳麓书院，除了教学工作之外，还负责中国书院博物馆的展览陈列和文物征集。

张先生说，最近香港古董市场上有一批秦汉简牍，有兴趣的话可以去看看。

我听后非常高兴，就约中国文化遗产研究院的简牍专家李均明先生一起，跟张先生去观摩这批简牍。其实古董商给我们看的仅仅是用泡水海绵和薄膜包裹的10多枚简，从简的形制和墨书文字来看，这批东西应该不假，至少是汉代简牍无疑。

但当时我们尚没有过从境外回购简牍文物的先例，我也只是询问了一下这批简的大致数量和要价情况，就和李均明先生一起告辞了。

回到长沙后，我向朱汉民院长汇报了这个情况，当时鉴于高校也没收购过境外文物，故院长建议先去寻找赞助。经过近一年的多方联系，我得到一位企业家的口头承诺，但尚未进入具体商谈阶段。

也真是机缘巧合，2007年11月底，我又赴香港参加一个中国书法史的学术论坛，同行的有中国文化遗产研究院的刘绍刚先生，张光裕教授又带我们去古董商那儿看简，这次看到的不是十几枚，而是两大盆简，且泡简的水面上已漂浮着一层白色的泡沫，说明这批简亟待保护处理。

老板说，简已全部收过来了，但保存状况堪忧。如果我们有意收购的话，就可把这批简带回去。

我说，这批简如果是真的，我们一定收，但要经过检测鉴定之后才能决定，而且我们也不能随便带这批简过关。

老板说，那他派职员送过来，如果是真的，请大致按完整的简一千元一枚计价。

当时我们觉得这个条件可以接受，就互相交换了联系方式，没有签署任何文字合同就告辞了。

12月8日晚上，香港的古董商派职员将这批简用泡水的海绵包裹成8捆，用一个塑料盒盛着送到了岳麓书院，并且连收条都没要，放下东西就返程了。

收到这批简之后，我们当即请当时湖北荆州文物保护中心的方北松研究员取样，同时请他从长沙走马楼西汉简和荆州谢家桥西汉简的无字简中取样，和竹简样品一起送往武汉大学进行对比性的科学检测（因我们当时初步判断这应该是一批西汉简，故取样的标本都是从这些年出土的西汉简中选取），同时对这批简进行饱水保护。

一个星期后，检测结果出来，这批简的各项指标都与长沙走马楼西汉简、荆州谢家桥西汉简相近，可证明其确实为2000多年前的竹简，这给我们增加了收购这批竹简的信心。

接着，我们又在2008年初，那是长沙出现冰灾天气最严重的时节，邀请了李学勤、张光裕、胡平生、李均明、彭浩、陈伟、刘绍刚等秦汉简牍整理研究的专家，冒着因冰灾回不了家的风险，来长沙对这批简的形制、时代进行人文方面的鉴定，为做好鉴定，我们随机挑取了几十枚简请方北松先生先做脱色处理，同时请他介绍和报告科学检测结果。经过到会专家的仔细观摩和鉴定，大家一致确认，这是一批珍贵的秦简。

通过科学的检测和鉴定之后，我们即请方北松先生组织他

■ 陈松长在香港和张光裕、李均明老师看简

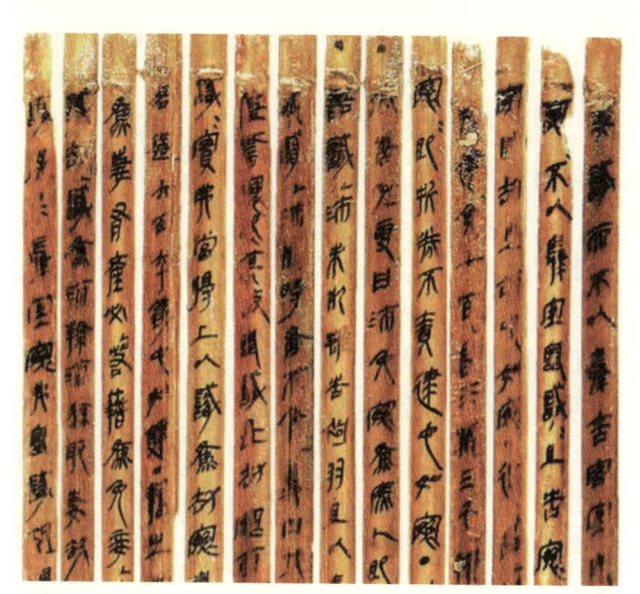

■ 2000多年前的竹简

2007年，陈松长（左二）与陈伟老师（右一）在美国佛利尔博物馆一起看楚帛书

的团队来岳麓书院对这批简牍进行揭取和电脑绘制揭取顺序图表，将8捆简牍全部揭取完之后，我们发现，比较完整的简牍有1300枚左右，其他则都是残简，一共有700多个编号。经与香港古董商商议，比较完整的按一枚一千元计价，共130万元，残简则折合一下，共20万元，一共是150万元。

这笔钱原计划是请企业家赞助的，但朱院长见费用不多，就当即决定，不需要赞助，就以岳麓书院的名义购买。这一决定也确保了这批简牍的所属不会产生歧义，也免去了许多未知的所有权问题的麻烦，故这批秦简也就定名为"岳麓书院藏秦简"或"岳麓秦简"。

岳麓书院收藏秦简开启了国内高校收藏研读简牍的先例，这主要是岳麓书院当时正在筹建中国书院博物馆，作为秦代的文献墨迹入藏中国书院博物馆也是天经地义的事，但我们并不是为藏品而收藏，而是为秦简牍的研究和人才培养而收藏。因此，自这批秦简入藏岳麓书院之后,我的研究重心也就从马王堆帛书转向了岳麓秦简。

与马王堆帛书整理研究不同的是,岳麓秦简的研究从收购入藏到揭取鉴定,到图像拍摄和红外线扫描,再到简牍的拼缀和内容的解读等,都是我一手主持推进的,故其中的酸甜苦辣非经历者所不能知晓。

值得庆幸的是,经过15年的整理研究,《岳麓书院藏秦简(壹—柒)》的整理编辑出版工作于2023年全部完成,并于当年11月在长沙举办的《岳麓书院藏秦简》国际学术研讨会上推出了《岳麓书院藏秦简(壹—柒)》的合订本和《岳麓秦简研究论文集》,《岳麓秦简研究论文集》是一本从海内外学者所发表的400多篇岳麓秦简相关学术论文中精选出来的论文集,也算是给岳麓秦简的整理画上了一个比较圆满的句号。

回想这15年岳麓秦简的整理研究历程,有许多的故事,这里且择其要者简略一二。

首先是学术团队建设方面,我深知,以我个人之力,是不

▎《岳麓书院藏秦简(壹—柒)》

足以支撑起这批珍贵秦简的整理和研究工作的。因此，从一开始我就以全开放的姿态，欢迎国内外学者来共同参与整理和研究。

例如在第一卷的整理过程中，我就请院内秦汉史方面研究的老师和中国社会科学院古代史研究所的邬文玲老师一起参与，采用集体读简、分工负责的方式展开研究，在全书的整理、研究、统稿完成之后，再请国内外的专家学者来长沙进行审读，这保证了岳麓秦简的整理质量和研究水准。

后续岳麓秦简每一卷的整理研究都是按照这种模式推进的，特别是第三卷以后，随着2013年湖南大学简帛文献研究中心的成立，我更是以我所带的博士、博士后为主体，培养和建设了一支专门从事秦汉简帛文献整理研究的学术队伍，进而以简帛文献研究平台的名义纳入了由11家高校和研究机构合作建立的"2011计划"出土文献与中国古代文明研究协同创新中心之中，为湖南大学岳麓书院开辟了一个简帛文献研究的学科方向和研究基地。

其次是与学术界、出版界的合作方面，岳麓秦简的整理和研究离不开学界朋友的大力支持和出版社的鼎力合作。岳麓秦简的整理和研究，一开始就得到学界和出版界的高度关注，在岳麓秦简的鉴定消息公布不久，当时的上海辞书出版社社长张晓敏带领编辑团队第一个来到长沙，商谈岳麓秦简的出版事宜，他以豁达的胸襟一口就应承了岳麓秦简的出版项目，不仅免费出版岳麓秦简的全部整理报告，还承诺提供10万元前期整理费用，从而保证了岳麓秦简的顺利整理和出版。

而岳麓秦简的整理之初，为获取高清的秦简图像，日本东京大学的大西克也教授便以课题的形式，给我们申请了一台红外线扫描仪并无偿捐给岳麓书院，既保证了岳麓秦简红外线图像的提取，更开启了简牍整理红外扫描的序幕。

可以说，十几年来简牍研究的迅速发展，与红外线扫描技术的引进和使用是分不开的。

因此，岳麓秦简的整理实际上开启了秦汉简牍整理研究的新阶段，自此以后，所有出土秦汉简牍的整理报告中，红外线图版和简背信息的图像都是重要组成部分。

长沙走马楼西汉简的研究

在岳麓秦简的整理研究临近尾声的 2017 年，我们又与长沙简牍博物馆合作，就长沙走马楼西汉简的整理与研究联合申请国家社会科学基金重大攻关项目。在当年 11 月申报成功之后，即展开了长达 6 年的长沙走马楼西汉简的整理与研究工作，并于 2023 年 11 月顺利结项，获得评审专家的高度评价。

长沙走马楼西汉简是 2002 年由长沙市文物考古研究所主持发掘的一批西汉中期长沙国的重要官府档案文书，自其出土以来，长沙简牍博物馆的同行对其进行了科学的保护和清理，并拍摄和扫描了简牍的图像资料。但由于种种原因，有关这批简牍的研究一直没有全面展开，直到 2017 年我们联合申报课题时，才公布了零星的照片，而研究的论文也只有根据零星的照片所发表的几篇论文而已。

在课题立项之后，我们以湖南大学简帛文献研究中心和长沙简牍博物馆的研究人员为主体，同时聘请省内外的相关专家，迅速组织了课题整理小组，借助岳麓秦简的整理经验，采用集中读简、分工负责的方式全面展开研究。

在近 4 年的时间内，我组织了 11 次整理小组全体人员参加的读简会，让大家畅所欲言，充分讨论，基本解决了对这批简牍的性质认识和大部分的文字释读问题，然后根据大家读简归纳出来的 20 多个法律案例将简分成 4 卷，整理小组成员分成 4

组，分别对应每卷的内容解读和编排，同时鼓励课题组成员撰写论文，以研究提升课题水平。

经过课题组成员的共同努力，不到5年的时间内，课题组成员在国内不同的学术期刊如《考古》《文物》《光明日报》《出土文献》《简帛》《简帛研究》等杂志和报纸上发表学术论文40余篇。

同时，我还主持编辑出版了《长沙走马楼西汉简牍选粹》一书。当课题结项时，我们提交的结项材料就有七大卷，它们分别是《长沙走马楼西汉简》（4册）、《长沙走马楼西汉简考古报告》《长沙走马楼西汉简文字编》和《长沙走马楼西汉简的整理与研究论文集》，得到评审专家的一致好评，按时间、按计划圆满完成这个国家重大课题的研究任务。

在整个课题研究的过程中，我除了作为首席专家主持全部整理研究工作之外，自己的研究范围也从秦简研究向西汉简牍研究转移，围绕这批珍贵的西汉简牍文献，我分别对西汉中期长沙国的职官制度、司法程序、赋税内容、文字异写等方面展开了研究。

由于汉承秦制的特点，长沙走马楼西汉简中的司法案例和法律制度与岳麓秦简多有一脉相承之处，因此，走马楼西汉简的研究对我来说，也就是岳麓秦简研究的延续，故相对于岳麓秦简的最初研究，我对走马楼西汉简的研究也就驾轻就熟多了。

■《长沙走马楼西汉简牍选粹》

简帛书法的研究与推广

除了对马王堆帛书、岳麓秦简和长沙走马楼西汉简的文献整理和研究之外，我始终关注着秦汉简帛书体和书法的研究。

我很早就认为，简帛书体乃至简帛书法的研究本就是简帛研究不可分割的重要组成部分，也是简帛学所不能或缺的重要版块。

因此，我从研究简帛文献开始，就觉得简帛书法的研究应该是、也肯定是简帛研究的一个重要分支，故投入了不少的精力，相继撰著出版了有关简帛书法研究的论著多种，分别是：《马王堆帛书艺术》（上海书店出版社1996年）、《简牍帛书粹编》8种（上海书画出版社2000年）、《马王堆简牍帛书常用字汇》（上海书店出版社2007年）、《新中国出土书迹》（合著）（文物出版社2009年）、《中国简帛书法艺术编年与研究》（上海书画出版社2015年）、《岳麓秦简书迹类编》（河南美术出版社2022年）、《湖湘书法经典　千年流韵——简牍》（湖南美术出版社2022年）、《中国简帛书体研究》（山东画报出版社2023年）。

从上述书目大致可以看出，我从20世纪90年代以来，一直就关注着简帛书法的资料整理，也一直没间断对简帛书法的研究。我认为，简帛书法的研创是当今书法界不可忽视的重要方向，简帛学也是中国书法史上足可与帖学和碑学并驾齐驱、三足鼎立的重要学科。作为简帛文献研究的重要分支，我们不仅要撰著相关的简帛书法资料来普及简帛书法知识，更应该以不同形式加强简帛书法的宣传普及与人才培养。

有鉴于此，为推广简帛书法和培养简帛书法的专业人才，我于2014年向学校申请成立了湖南大学中国简帛书法艺术研究中心。

我们曾连续三年举办了三届简帛书法的小型学术研讨会，并联合甘肃省简牍博物馆、里耶秦简博物馆和郑州美术馆举办了"梦回秦汉"——秦汉简牍特展暨简牍书风全国名家邀请展。

但这种学术研讨会的受众有限，推广的效应不明显。受出土文献与中国古代文明研究协同创新中心多次举办简帛文献培训班的启发，我们从2018年开始，联合贵阳孔学堂、湖南省博物馆、长沙简牍博物馆，以每年一届的速度，以全公益的方式，在全国各地相继举办了6届中国简帛书法艺术研创高级培训班，在全国26个省、市、区培养了近300人的简帛研创队伍。

开始举办第一届培训班的时候，我的初衷是想通过对古文字的训练和简帛知识的传授，以研读和创作相结合的方式来培养和提高具有简帛书法基础的中青年书家的学术素养和文字释读能力，并通过对简帛实物的观摩来提升学员对简帛书法的认知水平。

因此，我们选择暑假期间，借助贵阳孔学堂凉爽的研修园作为培训地点，请全国各高校有关古文字和简帛书法的老师来授课，设计了上午上课，下午和晚上进行书法创作实践的培训

▎陈松长在简帛书法培训班上现场示范教学　▎陈松长在岳麓书院给博士生上课

模式，并安排培训班结束后，组织全体学员到湖南省博物馆、长沙简牍博物馆和岳麓书院观摩简帛文物，最后在岳麓书院举行结业仪式。

第一届我们招收了45位学员，最大的有超过60岁的地区书协主席，最小的是大二在读学生，大家老少一堂，学习和研创过程非常投入和融洽，在培训结束后，每位学员都提供两件临创作品或一篇有关简帛书法的研究论文，经评审后，精选作品和论文在上海书画出版社以《中国简帛书法艺术研创高级培训班师生作品集》的形式出版，而入选的作品我们还相继在贵阳孔学堂、甘肃省博物馆、连云港市博物馆举办巡回展览，最后全部作品归岳麓书院收藏。

应该说，第一届培训班得到了老师、学员和社会各界的一致认可，大家都觉得这是对简帛书法推广的有效方式，值得持续办下去，在全国引领简帛书法的研创大潮。

我们克服种种困难，接着在贵州贵阳、山东滨州、湖南长沙、江苏张家港、湖北荆州、浙江桐庐举办了6届培训班，已成功将培训班办成了一个公益性的简帛书法培训品牌，许多学员也在各地崭露头角，成为各地简帛书法研创的中坚或主力。

2022年，湖南省的一项重要文化工程"中国简帛书法艺术研究与传播工程"在长沙启动，2023年，甘肃简牍博物馆建成开放，湖北省文联更成立了湖北省书法院楚简书法研究中心，中书协的领导也全程参与指导、强力推进，在全国范围内形成了简帛书法研创的燎原之势。现在回想起来，我们从2018年开始举办的中国简帛书法艺术研创高级培训班，对中国简帛书法的普及和推广，或有道夫先路之功也。

从1988年研究生毕业到湖南省博物馆参加工作至今，我在简帛研究的道路上已走过了36年历程，回想起来，围绕简帛研究，我也就做了几件事，一是从事了马王堆帛书的整理和研究，二是主持了岳麓秦简的整理研究和出版，三是主持了长沙走马楼西汉简的整理和研究，四是倡导和主持持续开办了中国简帛书法艺术研创高级培训班。可以说，这几件事相辅相成，在我几十年的学术生涯中互相交叉，密不可分。

如果说我在简帛研究的过程中稍有贡献的话，那都得益于海内外简帛学界、出版界师友的提携和帮助，得益于湖南博物院、湖南大学岳麓书院、长沙简牍博物馆同仁的鼎力支持和精诚合作，在此一并表示衷心的感谢！

名家问学

简帛研究方兴未艾，简帛研究未来可期，所谓道阻且长，行则将至，我将继续勉力为之。

主要学术成就

著　作

《长沙走马楼西汉简牍》（4卷），岳麓书社，2024年
《中国简帛书体研究》，山东画报出版社，2023年
《岳麓书院藏秦简》（7卷），上海辞书出版社，2022年
《湖湘书法经典 千年流韵——简牍》，湖南美术出版社，2022年
《马王堆帛书研究》，商务印书馆，2021年
《中国简帛书法艺术编年与研究》，上海书画出版社，2015年
《新中国出土书迹》（合著），文物出版社，2009年
《马王堆简帛文字编》（合著），文物出版社，2001年
《马王堆帛书〈刑德〉研究论稿》，台湾古籍出版社，2001年
《香港中文大学文物馆藏简牍》，香港中文大学文物馆，2001年
《帛书史话》，中国大百科全书出版社，2000年；社会科学文献出版社，2012年
《马王堆帛书艺术》，上海书店出版社，1996年
《马王堆汉墓文物》（合著），湖南出版社，1992年

课　题

国家社会科学基金重大项目：长沙走马楼西汉简的整理与研究，2017年
教育部哲学社会科学研究重大课题攻关项目：岳麓秦简与秦代法律制度研究，2011年

论　文

《长沙走马楼西汉古井出土简牍概述》，考古，2021年第3期
《岳麓书院藏秦简中的行书律令初论》，中国史研究，2009年第3期
《马王堆三号墓主的再认识》，文物，2003年第8期
《马王堆三号汉墓纪年木牍性质的再认识》，文物，1997年第1期

胡 彬 彬

胡彬彬，1960年生，湖南双峰人，中南大学二级教授、博士生导师、太和智库高级研究员。曾任中国村落文化研究中心主任、湖南省政府参事、湖南省政协常委。中国村落文化理论体系的创建者，全国文化名家暨"四个一批"人才，国家"万人计划"哲学社会科学领军人才，湖南省第二届十大"同心人物"之一，湖南省首批智库领军人才等。

一生致力于村落文化研究，寻访了全国7000多个传统村落。学术研究领域涉及历史学、建筑学、人类学、文化学、文物学、民俗学、宗教学等多个学科，主要学术论文见于《民族研究》《光明日报》《世界宗教研究》《科学社会主义》等重点期刊与报纸，出版《中国村落史》《中国传统村落文化概论》等学术专著20多种。平生成就了一件事：把中国传统村落文化的保护推向了国家文化保护战略，把中国村落文化的研究引入国家人文学科研究的领域。

胡彬彬先生"学术足迹"示意图

- 里昂大学
- 湖南师范大学
- 岳麓书院
- 中南大学
- 双峰县
- 邵阳学院

法国·里昂大学

长沙·湖南师范大学

长沙·岳麓书院

长沙·中南大学

娄底·双峰县

邵阳·邵阳学院

能知此心无隔碍

少年爱读书，过眼皆吾有

我于农历己亥腊月十七日（1960年1月15日）出生在双峰县一个名叫"花家"的地方。村里头，家家户户房前屋后都种着李子树，一到农历二三月间，白色的李花就开得无比灿烂，给我留下了美好的童年印象。

我的家庭是一个旧式"先生"家庭，家族中人多以郎中（即医生）、教师为职业，且在当地皆小有名望。至我父亲这一辈，已延续了十代之久。那时，凡从事此职业的，因医身治愚，都被称之为"先生"。

旧时为增长见识，且为生计，祖父曾在汉口、南京的古董店当学徒，后做跟班，"掌眼"数年，后小有名气，留下了不少收藏。新中国成立后，他所学的行当几近寂亡。

1949年，祖父返乡后不久就去世了。那时候我父亲年纪还小，由叔祖父胡天雄照管。在叔祖父的教育下，家父自幼饱读诗书。先是在农合会做文书，之后在初级社、高级社、合作社做乡村扫盲工作，逐渐转入教师行业，终生未改。他在省立湘乡师范学校进修时，认识同期进修的母亲，然后结婚

■ 胡彬彬（右一）在隆回小沙江考察

组成家庭。我成长的家庭颇为传统，而我的启蒙乃至生命之所幸，除父母外，更得益于当医生的叔祖父。

我出生时正是三年困难时期之初，不少同龄人因饥饿或病灾夭折。因家中兄妹多，叔祖父常将我带在身边。湘中境内，他有着"湘中神壶"之称（"悬壶济世"的"壶"与"胡"谐音），后任湖南中医学院（今湖南中医药大学）教授，并负责主编《湖南中医学院学报》。叔祖父的医术、医德都很好，尤以治"内经"为最，名重一时，出版过《素问三识》《素问补识》等。2001年，中国中医药出版社出版了一套《中国百年百名中医临床家丛书》，其中一卷就是《胡天雄》。湖南中医学院编的《方药备要》、湖南省中医药研究所编著的《湖南省老中医医案选》等，都收录了不少他的方剂或临床案例。叔祖父自幼爱好诗词，业余之暇，不废吟咏，退休后编撰了一本厚厚的《唐诗绝句律诗分韵大词典》。

我曾跟随他长达5年，夜寝同床，日诊随襟。他教我背书，《三字经》《千字文》自不在话下，数年下来，更是能背下来数百个汤头药方，认得许多汉字和数以百计的药草花木、水陆珍禽之名实。我现在还能背诵一些汤头歌，也能辨识不少中草药，甚至还略懂一点碾（朱）砂制墨、制作鱼鳔胶、炮制熟地和艾叶之类的传统技法，都是这个时候打下的基础。

我在七岁之后才到母亲管理的小学念书，入学就直接读了三年级，算是我不完整的学历之始。那时的小学为五年制，我实则只读了三年。不过，那时我大致已识得一两万汉字。后来我全家被下放回原籍。父母依然教书，只是换了地方，成了乡村教师。

我的两位兄长无缘高考，作为知青上山下乡，当了农民，后来在农村结婚生子。直到20世纪80年代初，方按政策安排工作。他们组建的家庭，都成了"半边户"。我则在乡下的中学里开始了"半农半读"的求学生涯。

那时的中国城乡，无处不在破"四旧"。家父珍藏的数以万计的古籍善本和12大箱书画作品，还有一些古董珍玩，堆在老家旧屋前的坪里，大约从上午的9点钟开始焚烧，直至天黑尚未烧尽。现在想起来这一幕，我还是充满伤痛。记得那时正好初夏，白昼很长。数千年来，书画典籍常遭劫难，但中华文化的生命从未断绝。

父亲对我的要求是很严苛的。那时的中学教材内容不仅浅显，分量也欠足，一本语文书的内容，一周下来就掌握了大致，所以常觉得老师虽好，但课堂"吃不饱"，课余又没书可读。

父亲觉得我不够虚心、不肯求学问，因懒而找借口，就搬出没烧掉的《四角号码新词典》和几本《辞源》，告诉我："这是最有用的书，是书之精华，你慢慢读，会有用的。"没想到，我居然在"破四旧"的年代里，学会了如何用数字口诀查字典。从初中到高中，乃至上山下乡，这几部工具书都一直陪伴着我，一有时间就翻看。由此，我知晓了许多文字的含义和成语典故、史地知识。我早期对语文、史地知识的获取与兴趣,都源于此。

到1976年7月,时逢中国最后一批知识青年上山下乡,我搭上了这趟"末班车",与前边两位兄长不同的是,他们是插队落户在农村,我是集体上山下乡到国有农场,有"农场工人"的性质,干的是农活,但口粮是国家统一配给的,每月满勤还有五元钱的工资。这与插队落户相比,"待遇"已经很高了。

故宅有宝珠,却向田野求

我小学未读完,初中未读完,高中也未读完。1978年9月,考入邵阳师专(今邵阳学院)中文系,才算是接受了比较完整的学历教育。学习期间,我读书的兴趣广泛,在当时的《邵阳师范高等专科学校学报》(今《邵阳学院学报》)上发表过题为《论维克多巴黎圣母院的人道主义思想》的文章,这算是我学术的肇始。

1980年,我完成专科阶段的学习,有幸被选送进入湖南师范学院(今湖南师范大学)中文系,学习汉语言文学专业。1983年7月,我完成本科学业后成为邵阳市的一名公务员。对于工作,我勤勤恳恳、尽职尽责,业余的兴趣,依然是读书,探访未知的世界。小小的办公室,没有束缚住我对更广阔世界的追求与探寻。

1984年7月24日,我第一次前往贵州,在黎坪肇兴、榕江本里、丛江岜沙和雷山西江的村落,度过了许多难忘的时光。

在那段时间里,我被当地极富民族特质的人文景观所吸引,被少数民族群众的质朴勤劳所感动。那些精巧的干栏式建筑、奇异的民风民俗,令我流连忘返。那时候,它们养在深闺人未识,静静地守候在那里。

此后,我无时无刻不被中国无数的传统村落所吸引。我感

■ 胡彬彬（左三）在藏区与僧侣交流

■ 胡彬彬（右一）在墨竹工卡一户藏族群众家中访谈

觉自己的灵魂被这些遗存的独特而又神奇的文化唤醒了。我萌发出平生最大的愿望：尽绵薄之力研究和保护中国传统村落文化。

我曾分别在邵阳市委、市政府、财政局等部门工作过，先后担任过副科长、科长、助理巡视员等职位。其间的20年里，我在完成本职工作的同时，将所有闲暇时间都投入到对中国传统村落文化的考察之中。

我用双脚丈量大地，行走于中华大地无数的传统村落之间，并逐渐开启了中国村落文化研究的学术之路。

2002年，我通过了国家、省、市组织的一系列考试，获得了研究馆员的正高级职称。同年10月至12月，我作为民间人士，受法国政府邀请，参加在法国巴黎举办的"中法文化年"活动，并在里昂大学讲学，传播中国传统文化。十多年后，我又前往欧洲、美洲、非洲等几大洲，考察当地的传统乡村，想看看他们的过去与我们有何不同，更想了解他们关于乡村保护的理念。

2003年3月9日，一位省领导专程来邵阳看我，后来将我调往湖南大学岳麓书院。我也因此成为一名高校老师，有更加充足的时间与精力从事我喜欢的学术研究。

从彼时开始，我教书育人20年，带了一些学生。因为较为严苛，学生私底下送了我一个名号："严（阎）王"。

我和团队成员的科研工作，将主要精力放在中国的传统村落。迄今为止，我行走田野考察村落已经30多年，可以说，大半辈子都耗在田野。我考察过全国各地的村落7000多个，所走的路程可以绕地球9圈以上。

在中国，我最北去过黑龙江黑河四嘉子村，最西到过新疆乌恰县的吉根镇托阔依巴什村，最南去过海南陵水黎族自治县南湾古村。我曾十多次去西藏，去过定结县最偏远的古日普村；七入云南，在怒江傈僳族自治州的泸水村落中一待就是30天。

近20年，我有9个春节是在村寨农户家中度过的。每一年，我差不多有三分之一的时间都在乡野。每次下乡，我都会带些糖果给小孩子吃，有时还义务教他们读书识字。

有一年在一个西北的村子里考察，我刚泡好一碗方便面，突然听到外面一片嘈杂声。出来一看，20多个小孩子，高高低低挤在一块，流着口水，原来都是被方便面的味道吸引过来的。我赶紧回房，把剩下的大半箱面都拿出来，每人分了一包。

逢年过节或哪家有什么红白喜事，我喜欢帮他们写对联，村民都笑我是"胡对子"。后来，又有人给我送了一个外号："村长教授"。

当然，国家给我的荣誉头衔很多，有人说我是"中国村落文化研究第一人""古村落研究的拓荒者"等，但我最喜欢的还是"村长教授"。

我烟瘾很大，但滴酒不沾。其实年轻时，我还是喜欢酒的。

因为某年的某个事件，我向父亲有过承诺："此生再不饮酒。"有很多人都说，做田野考察，要拉近与村里人之间的关系，不能不喝酒。但我做田野调查，跟村民们拉家常，确实从没喝过酒。

我做田野考察获取信息，就靠两个字：真诚。

每次重访一些村落，都会有很多农民围上来，热切地拉着我的手，热泪盈眶，有什么委屈和苦恼，都向我诉说，仿佛我真的是他们的村主任。

我相信知识和文化的力量，老百姓对真正关心他们的学者，是很理解和支持的。尤其对于替他们办实事，为解决他们的困难而鼓与呼的研究者，是怀着感激的。

在田野间，我就能深刻感受到这一点，感受到朴实的中国农民对文化人发自内心的尊重。

长年奔波在田野考察的路上，我有过一年走破11双鞋的记录，家里的"开口鞋""穿底鞋"确实够开博物馆了。

饥饱不均、起居无定、过度劳累，我身上也落下不少陈伤旧痛。脚板现在几乎不太有知觉，老茧厚得不用穿鞋。我的左腿摔断过四次，右腿摔断过三次。2017年3月，我的左腿因动脉阻塞进行了一次大手术，真可谓是"剥皮抽筋"。我还有严重的胃绞痛，很多次甚至面临生命危险。

2001年10月，我到湖南芷江的明山考察侗族开采明山石雕刻的历史。为寻找物证拍摄资料，我掉进了地婆溪山崖上离地七八米高的石坑里，手脚骨折，昏迷于坑中三天两夜，后来一个侗族猎人发现了我，才将我救了下来。

这样的事情很多，但我从未因此放弃田野考察，从未放慢工作节奏。即使一双腿脚都走坏了，也绝无怨言。我认定这个就是我的宿命——为国家、民族尽己所能。

在长期的田野考察中，因为拍摄资料的需要，我也逐渐喜欢上了摄影，每到一地，都要拍许多照片，还举办过个人摄影展。

资料照片拍了一大堆，2012年《光明日报》采访我的时候，稍作了统计，大概有3000多卷胶卷和近20万张数码照片。最近这十多年，胶卷很少用了，但数码照片的库存又翻了好几倍。

"知我者谓我心忧，不知我者谓我何求。"这条道路是艰难而漫长的，也是孤独寂寞的。但孤独寂寞到了一定境界，就会变成一种享受。

我患读书寡，知识无过人

我年轻的时候立志要当一位博物学家，对周围的一切都充满好奇。小时候，跟着叔祖父鉴别中草药，上山下乡时又对各种动植物产生兴趣；工作后，还有机会到北京拜师学艺，跟随史树青、朱家溍、耿宝昌、徐邦达等老先生，在故宫和中国历史博物馆（今中国国家博物馆）见识过很多文物，学到了不少文物知识；而行走田野时，又了解到许多各地的奇风异俗，亲身感受到了各地独特的建筑形式。

纵观我的学术历程，有一个清晰的脉络。我早年致力于与传统村落相关的文物收藏与研究，搜罗了一些物证。我认为，民族文化的起源和线索，往往具形具象地散落在民间，又正是因为其"民间"性和"草根"性，往往被习惯于研究精英文化的学者所忽略，被历史所尘封。我想做的，就是尽平生的力气和知识，为其拂去尘埃，让她重现光芒。

人的精力是有限的，不可能穷尽人世间的一切学问，此处仅就我已经发表的文章及出版的著作，将我前半生所涉及的主要研究门类列举如下：

（1）砚台。我所过眼上手的古砚上万，自己集藏的也有数百方。其中，以1995年夏我在湘北入手的唐代白居易"香山居士"歙砚最为珍贵。2000年10月，我在《东南文化》上发表了论文《论明清佛门制砚》，这是学术界首次对佛门制砚进行定义和研究。2002年，上海书店出版社出版了我的《中国民间藏砚珍赏》，由史树青先生题写了书名。2016年，荣宝斋出版社又出版了《胡彬彬说古砚》一书。

（2）竹刻艺术。宝庆（今湖南省邵阳市）盛产楠竹，自古竹器制作业十分发达，是中国竹文化的主要发源地之一，但长期以来无人研究。我的专著《宝庆竹刻》2000年由岳麓书社出版，该书首次对这一宝贵的非物质文化遗产进行系统介绍，用搜集的藏品有力地证明了翻簧和翻簧竹刻起源于湖南邵阳。该书获得当年的湖南省精神文明建设"五个一工程"奖及湖南省社会科学优秀成果奖。2002年，该书由时事出版社进行了再版。后来，我又相继在一些学术刊物上发表系列文章。由于这些著作及文章的影响，现在邵阳的竹刻恢复了在欧洲的部分市场。2006年5月20日，该遗产经国务院批准列入第一批国家级非物质文化遗产名录。2012年，湖南美术出版社又将我的《湖湘竹艺》列入《湖湘文库》丛书出版。

（3）明山石雕。明山石雕产自怀化芷江，自宋代以来即著称于世，但后世逐渐湮没，人们甚至不知道它的存在，常常将其与其他石雕如祁阳石雕混为一谈。我对明山石雕进行了十多年的考察，数十次专访明山，搜罗了大量明清石雕实物。2001年，我在《东南文化》上发表《巧夺天工的明山石雕》一文，首次对明山石的地质构成、材质特征、历代石坑分布，明山石雕的起源、发展及其艺术成就等方面进行了全面而系统的论述。

（4）湘西南木雕。2001年，我将多年收藏的湘西南木雕文物艺术品部分捐给了南京博物院。经相关专家悉心鉴定考证，确认其文物艺术价值颇高。2002年3月11日至4月11日，南京博物院专门举办"湘西南木雕展览"，印制了两套明信片以资纪念，并聘请我担任研究员。其后，我又发表了《山居的细腻与精致——寻访湘西南民居木雕》《湘西南的木雕》《论湘西南木雕文物及其艺术成就》等一系列论文，学术界开始对湘西南木雕有了一个全面的印象。2004 年，天津人民出版社出版了我的《湘西南木雕》，也由史树青先生题写书名。该书于 2005 年被评为"中国最美的书"、2006 年获湖南省社会科学优秀成果奖。

（5）宗教器物文献。我留心宗教文献与器物多年，收藏过多种文字的佛经。2007 年，我在《湖南大学学报（社会科学版）》正式发表一篇相关研究论文《长江中上游地区的造像与佛教初始输入的别径》，对长江中上游地区出土的大量早期佛教造像与画像砖上的佛教美术图案进行研究，得出长江中上游地区是佛教的初始输入地。后又在《湖南大学学报（社会科学版）》发表《论长江流域早期佛教造像的古印度影响》《湖南佛教造像记十例》，在《光明日报》理论·史学版发表《长江流域与敦煌佛教造像愿文比较初识》，在《世界宗教研究》上发表《明清时期长江流域的佛教造像愿文》等文章。同时，整理出版了一大批宗教文献与器物相关的著作，如被列入国家出版基金项目的《长江流域民俗文化与艺术遗存》（八卷本）。

（6）少数民族文献。2009 年，我在《民族研究》上发表《靖州"群村永赖"碑考》一文。"群村永赖"碑是古代靖州地方政府为改革地方婚姻陋习而制定、并强制推行的地方立法，我发现它以后，花了三年时间进行考证，确定了它是苗族婚姻变革史上一个具有划时代意义的里程碑，为我国古代法律、民族民俗学和人类学研究，提供了不可多得的重要实物资料。2010 年，我又在《民族研究》上发表《新见古籍〈五溪苗族古今生活集〉略述》。《五溪苗族古今生活集》是记述有关清代苗族历史文化的重要新见古代文献。

（7）建筑。我有关建筑文化的研究，也都来自我的田野考察。2005年，我在《湖南日报》上发表《湖湘文化的建筑情怀》。2007年，我参加以"全球视野下的中国建筑遗产"为主题的第四届中国建筑史学国际研讨会，发表了《湘西南少数民族建筑文化背景及装饰艺术语言解析——一位田野调查工作者的札记》。2008年，参加中国建筑学会建筑史学分会2008年年会暨学术研讨会，发表《湘南地区明清祠堂建筑遗存考查报告——以郴州汝城县域遗存为案》。2013年，我的《湖湘建筑》列入《湖湘文库》丛书出版。2019年10月，我在资兴市清江镇代头村发现了一处我国目前所知保存最好、规模最大、年代序列最清楚，且仍活态传承、因"庐"成"聚"成"衢"的村落民居建筑遗存。2019年11月，新华社、光明日报等主流媒体纷纷报道，日本、法国等国家的媒体也予以转载关注。

（8）壁画。我走访田野20多年，获取了大量湖湘壁画的一手资料。2006年，我在娄底新化维山考察时，发现了迄今为止我国南方地区唯一的一处唐五代墓室壁画。2008年，我将多年的考察成果汇集成《湖湘壁画》一书，由湖南美术出版社出版发行。这是目前唯一一部有关湖南地区壁画研究的专著，也是研究我国南方地区古代壁画艺术的重要成果之一。2009年，它被列入国家出版基金项目的《湖湘文库》丛书进行再版。2016年，我又率领考察团队在湖南江永的勾蓝瑶寨发现了举世闻名的水龙祠壁画，这是迄今为止，整个长江以南地面建筑中，年代最早、保存最好、面积最大、规模最盛、绘制最精、特色最显著的壁画。同年，我在《世界宗教研究》上发表长文《湖南江永勾蓝瑶寨水龙祠壁画释读》并予以介绍，连续主持召开两次重要的学术研讨会。后水龙祠壁画和江永勾蓝瑶民居建筑一起，被列入第八批全国重点文物保护单位。

以上的总结或许并不完整，但大体上可以涵盖我的文物研究内容。每个人每一天都只有24小时，人的精力有限，不可能

■ 胡彬彬在日喀则扎什伦布寺跟僧侣交谈

■ 胡彬彬在日喀则扎什伦布寺考察

穷尽所有的知识。每每想到这些,我就觉得非常懊恼,但也没有办法。

村落无多在,声声近捣衣

我对中国传统村落的兴趣始于青年。但直到中年,才开始完全沉下心来做研究。20多年来,我的研究视野逐渐从"物"转向更广阔的村落社会。"物"承载着巨大的文化内涵,寄托着个人内心的某些精神诉求,我也是在对"物"的研究过程中,逐渐形成了"中国村落文化"这一课题。

这片土地养活了我,我认为有必要回报它。

仅仅研究先民们制作的器物是不够的,还需要从宏观层面来研究村落社会,解决农业、农村、农民所面临的实际问题。

■ 胡彬彬在那曲草原牧民家中

并由此引申到事关国家、民族历史文化保护与研究的重大问题。

酝酿了20多年后，天时地利与人和，各方面条件都成熟了，我才得以率领团队，在湖南大学率先成立中国村落文化研究中心。这是2008年，我将近50岁的时候。

随即，中国村落文化研究中心申报进入985工程优势学科创新平台，后获批为湖南省普通高校哲学社会科学重点研究基地。2011年9月，教育部社科司组织国内知名专家学者考察了中国村落文化研究中心后，一致认为：湖南大学中国村落文化研究中心，以多学科视角，创新的方法与手段，对我国"长江黄河流域"以及其他广大地域传统村落的政治、经济、文化等进行多方位、多视角的整体研究，是填补我国人文学科研究领域缺陷和空白之举,对于传承中华文明、弘扬中国优秀传统文化具有重要而深远的历史意义和现实意义。

2012年元月,《光明日报》理论·实践版刊发了我撰写的《我国传统村落及其文化遗存现状与保护思考》,这是我国首篇关于中国传统村落文化保护的理论文章。文章发出后,引起了国家的高度重视。

从这一年起,国家正式将"中国传统村落"纳入国家文化保护战略。我所提出的有关传统村落文化保护的若干建议,被直接纳入国家住建部、原文化部、文物局、财政部联合下发的文件之中。

2012年5月14日,《光明日报》的人物版以《胡彬彬:古村落研究的拓荒者》为题,对我进行了整版报道。2013年4月24日,受《光明日报》创办的《光明讲坛》栏目邀请,我以《小村落大文化》为题进行演讲,演讲稿在《光明日报》全文刊发以后,又被《新华文摘》全文转载。

在这篇演讲中,我提出村落是国家和社会最基本的构成单元,家庭是民族最基础的构成单元。由于村落文化具有聚族群体性、血缘延续性的特质,并承载了中国悠长久远的文明历史,因而极具民族文化的本源性和传承性;村落成员的生产生活以及与之相关的有形或无形的文化形态,从表面化一般形式的呈现,到隐性化深层次的内在文化结构与内涵,代表着国家和民族的文化传统,体现着"社会人"由单一个体到家庭家族,进而到氏族,最后归属于民族范畴,再直接引申到"国家"概念的文化层面的全部含义。

我理解的村落文化,包括以下这些内容:建筑营造与堪舆规划、生产生活与经济模式、文化教育与道德教化、宗法礼制与村落治理、民族民俗与宗教信仰、民间艺术与手工技能、生存空间与资源环境。

2014年，在湖南省委、省政府以及中南大学的关怀下，中国村落文化研究中心从湖南大学整体搬迁至中南大学。由此，我在中南大学推动建立我国第一个培养中国传统村落文化研究与保护专门人才的博士和硕士学位授权点，中国传统村落文化研究正式步入国家人文学科领域。

2014年，我在《光明日报》连续发表《村落文化重建，乡贤不能缺席》《让新乡贤文化涵养核心价值观》等文章，引发了关于"新乡贤"问题的全国性大讨论。当年7月和12月，我两次就"城镇化进程中传统村落保护"和"立法保护中国传统村落文化"等问题，向党和国家领导人进行专题汇报。2015年4月，我在光明日报社主办的"核心价值观百场讲坛"活动中，以《乡贤文化与核心价值观》为题进行演讲。2016年4月20日，筹备多年的中国村落文化智库，在光明日报、中南大学的支持下正式揭牌成立。

近几年来，我不断地将田野考察所得转化为党和国家急需的智库成果，得到党中央、国务院，湖南省委、省政府等的多次肯定和表彰，并产生良好而广泛的社会影响。2013年开始，我连续担任第十一、十二届湖南省政协常委，后任湖南省政府参事，积极参政议政。

2021年，我在中信出版社出版了《中国村落史》。这部著作得到国家出版基金项目的资助，出版当月就占据当当网历史类书籍销售榜第一名，截至2022年11月仍占据京东"经久不衰文化史榜"第七名。2022年，该书获第十七届文津图书奖推荐图书，并入选2022年度国家社会科学基金中华学术外译项目推荐书单，翻译成法语和日语的工作目前正在进行。

一百多年来，就可视的物质形态而言，中国的乡村是在逐渐衰落的。30多年来，我一直奔走在乡村，目睹了无数传统村落渐渐消亡，其实心情还是很沉重的。2008年至2016年，我连续三次组织了大规模的中国传统村落专项田野考察，形成了一系列调研报告。

2004年，"江河流域"中具有较高研究价值的传统村落总数为9707个，到了2010年仅存5709个，平均每年递减7.3%。2014年6月至9月，我们对"江河流域"的5709个传统村落中的1033个进行回访、考察、调研时发现，4年间又有461个传统村落因各种原因消亡，幸存572个。总数消失了44.6%。换言之，在此次调研范围内的传统村落中，大约每3天就有1个消亡。实际上，就全国范围而言，传统村落的消亡速度整体上可能要远高于上述数据。这次调研成果《"江河流域"传统村落文化保护现状与建议》，在《光明日报》智库版加编者按进行了全文刊发。

2016年七至八月，我组织第三次中国传统村落遗存与保护现状考察活动，共派出了200多人组成8个考察组，再次对"江河流域"18个省（区、直辖市）中纳入"中国传统村落名录"的1569个传统村落进行考察。调查发现，这些传统村落中，空

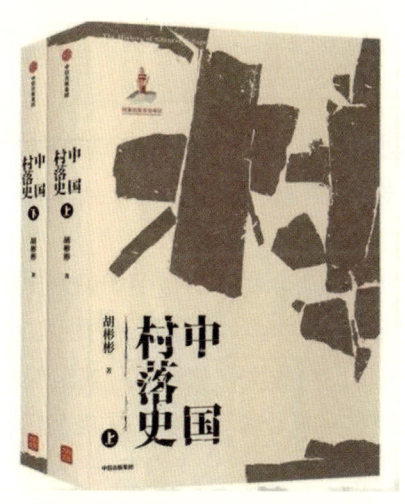

《中国村落史》

心化、过度商业化、环境污染、非遗项目后继无人等问题依然十分严峻。这次考察的成果汇集之后，我与李向军、王晓波共同编撰出版了《中国传统村落保护调查报告》，这是我国首部与中国传统村落保护利用相关的蓝皮书。

关于乡村的研究，从费孝通先生那一辈人开始，已经一百多年了。他对一个村落进行全方位地解剖式的个案研究方法，被后来很多学者所遵循。整体来看，目前中国乡村的研究主要集中于两个大的方面：一是村落经济，二是村落成员之间的人际关系。在研究方法上，则普遍以人类学、社会学的视角进行切入。中国村落文化研究的基础是人类学，人类学的一个最为重要的研究方法是田野考察，这与传统的知识分子沉浸于书斋进行研究的做法完全不同。

对于中国村落文化相关的研究，近代中国出现的几个流派，也无一不是以田野考察采集数据为主。部分学者和流派还以理论结合实践的方式，积极探索保护传统村落的有效途径。

从某种意义上说，传统村落的消亡，就意味着中华民族有历史文化消亡的风险。我们可以思考这样一个问题：世界史上曾出现过的"四大文明古国"，为什么只有中国的历史没有断绝？这个问题可以有多个答案，但我想，有一个关键点不可或缺，即中华民族的文化不但具有丰富的内涵与特质，而且自古以来就有着良好的传承性。作为传统活态文化传承的载体，村落功不可没。

习近平总书记说："乡村文明是中华民族文明史的主体，村庄是这种文明的载体，耕读文明是我们的软实力。"保护传统村落，就是保护中华民族的文化软实力，就是保护我们民族文化的"根"与"源"，可以让今天的我们更加清醒地认识到自己从哪里来，到哪里去。

相对于经典文献和地下挖掘出来的文物史料，传统村落所承载的有关中华民族文化的历史信息更具鲜活性，是中华民族文明发展史的"实证"，也是中华文明渊源有自的"活证"。它比文字、文物更能真实地反映中华民族不同地域、不同族群的生产生活方式、道德伦理观念，以及民族习俗风情。因此，在现代化飞速发展的当代，我们有充分的理由重视传统村落，保护好传统村落以及它所承载的文化。

村落始终都是活态的、变化的。唐宋时期的村落，与明清时期的村落就有很大不同。即使是1949年以来，中国乡村也发生了好几次大的变化。即使是同一区域，20年前的乡村跟现在的乡村，面貌也完全不同。例如，新的民居建筑普遍采用现代材料，这是为了满足现代人的生活需求。乡村的公共场所，祠堂的现实功能可能没有以前那么重要了，仅仅是一个象征性的建筑，有很多乡村甚至不再新建祠堂。最近这十多年，几乎每个村都有村公所，而在以前是没有的，等等。这些都是看得到的变化。

我们也应该看到，许多村落的形态虽然在消亡，但国人性格中的"乡土性"特质却仍旧留存着。比如，每年农历七月半，小区物业通常会先贴出公告，要求给先人烧纸钱的祭祀活动集中进行，做好防火措施。这些都是从传统乡村蔓延至现代城市的生活习俗。

具有中华民族特色的生存理念、人文观念、哲学思想、道德价值取向等，都是在历史的长河之中孕育出来的，而其主要载体就是村落，就是乡土。我们的民族精神始终扎根于乡土，扎根于村落。

当前，我国正处在各项建设迅速发展的时期，加强传统文化保护与乡村文化建设，不仅具有文化资料整合与积累的学术意义，还具有很强的现实价值与历史意义。新时代中国村落文化的构建，是一个充满艰巨性、挑战性，同时又富有战略性、前沿性且必须做好的重大课题。

  村落文化,都是生活于村落中的人所创造的。所以,简单来说,我们的村落文化研究,就是对村落中的一切文化进行研究,而不仅是村落建筑研究。关于中国乡村的研究,今后我们可以朝着两个方向来做:第一,从宏观的角度,有计划、有目的、分区域和民族,对乡村进行整体性地考量;第二,从大文化的视角来看待中国乡村。

  我对中国传统村落研究的未来充满了信心。

名家问学

  保护传统村落,就是保护中华民族的文化软实力,就是保护我们民族文化的"根"与"源",可以让今天的我们更加清醒地认识到自己从哪里来,到哪里去。

主要学术成就

著 作

《中国村落史》，中信出版社，2021年
《龙舟图像志》，湖南美术出版社，2019年
《中国传统村落文化概论》，中国社会科学出版社，2018年
《胡彬彬说古砚》，荣宝斋出版社，2016年
《湖湘建筑2》，湖南教育出版社，2013年
《湘西南木雕》，天津人民出版社，2004年
《宝庆竹刻》，岳麓书社，2000年

课 题

国家社会科学基金重大项目：中国村落发展史（多卷本），2019年
中宣部委托项目：古城古镇古村落保护立法问题调研，2017年
湖南省社会科学基金智库专项重大委托课题项目：湖南文化强省建设新机遇与新挑战研究，2017年
国家社会科学基金重大项目：长江流域宗教文化研究，2011年

文 章

《释放农业文化遗产的能量与红利》，光明日报，2020年6月22日
《中国村落的起源与早期发展》，求索，2019年第1期
《清代宗族教化中"家"与"国"的会通——湖南桂阳锦湖家祠壁画释读》，光明日报，2018年4月23日
《"精准扶贫"理念需精准理解》，光明日报，2016年12月18日
《建立地名文化国家数据库非常必要》，光明日报，2015年5月29日
《明清时期的户籍、土地与科举——以湖南蓝山县为例》，光明日报，2015年12月16日
《湖南佛教造像记十例》，湖南大学学报（社会科学版），2013年第1期
《新见古籍〈五溪苗族古今生活集〉略述》，民族研究，2010年第6期

张 京 华

　　张京华，1962年生，北京人，1983年北京大学历史学系本科毕业。历任北京大学副教授（破格）、洛阳大学东方文化研究院教授（破格）、湖南科技学院二级教授，现任湘南学院特聘教授、台州学院特聘教授。国务院政府特殊津贴专家。创办湖南科技学院国学院，创办湘南学院周敦颐研究院，任湖南省濂溪学研究会会长。曾获清华大学"李学勤古史研究奖"、全国教育改革创新优秀教师奖、全国古籍图书一等奖。

张京华先生"学术足迹"示意图

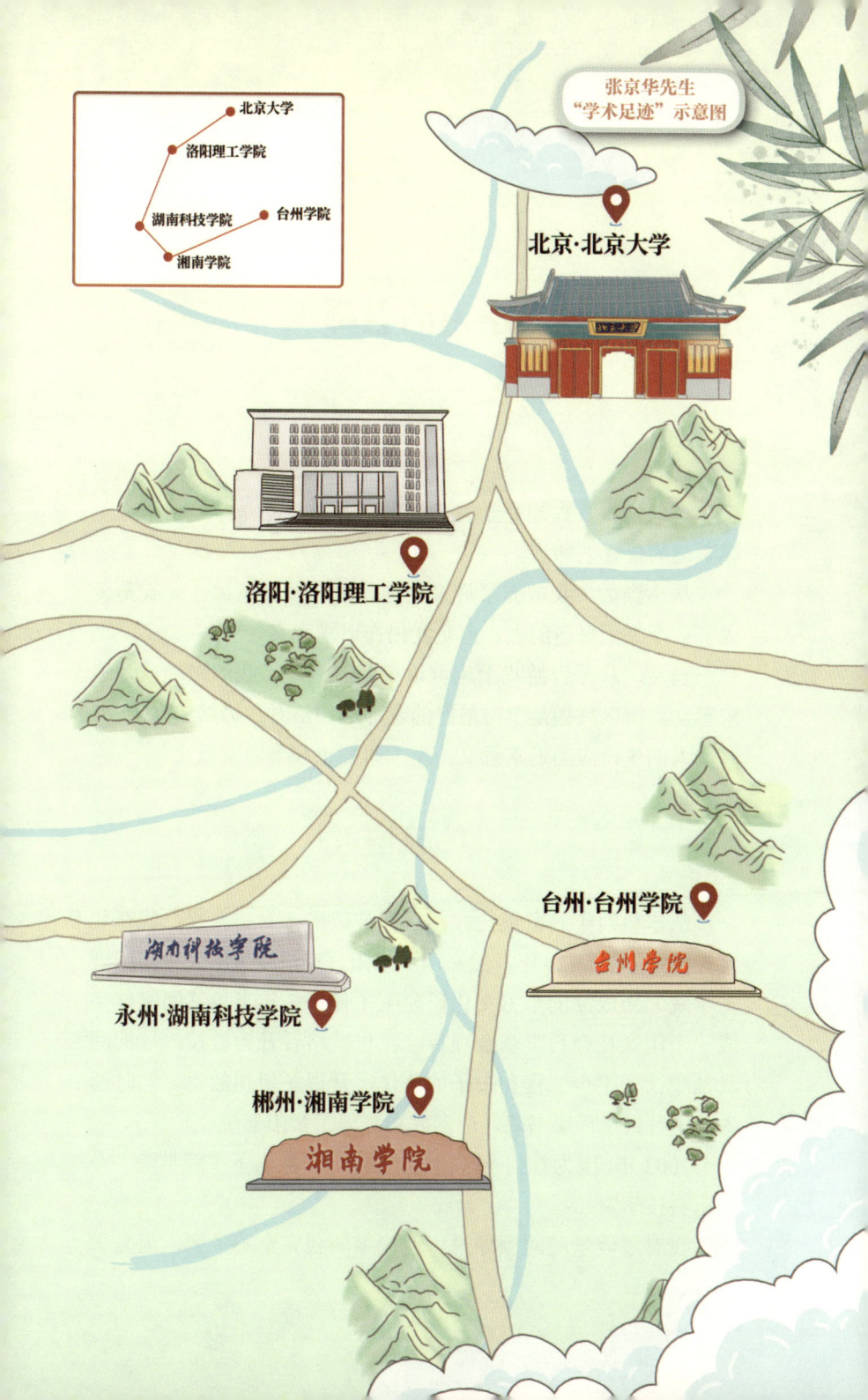

北京·北京大学

洛阳·洛阳理工学院

台州·台州学院

永州·湖南科技学院

郴州·湘南学院

追求意义是我学习的老师

人们常说，兴趣是学习最好的老师。我不是，追求意义是我学习的最好老师。

从小到大，我放弃了许多兴趣，现在两鬓斑白，尤其是变成了一个毫无兴趣的人，但是我仍在追求意义。

当然，从语言游戏上也可以说我有兴趣，我的兴趣就是追求意义，所以兴趣是学习最好的老师这句话对我仍然成立。

人的生命应当追求意义，学术研究也应当追求意义。

从伊洛到濂溪

从本科四年到留校任教，直到被破格评为副教授，我在北京大学待了整整20年，然后南下洛阳，在洛阳大学（今洛阳理工学院）新成立的东方文化研究院工作了3年半，其间刚好完成一个国家社会科学基金项目，我也破格晋升为教授。这期间我抽空读了不少二程和朱子的著作，拜谒了伊川故里，同时西入关中拜谒了横渠书院，南向武夷拜谒了紫阳书院。

2003年，因为看到一则招聘广告，便挈家南下零陵学院（今湖南科技学院）。

我对零陵学院的领导说，现代零陵我完全不了解，但是古代零陵我了解得可能比你们多。司马迁在《史记·五帝纪》中说，"（舜）南巡狩，崩于苍梧之野，葬于江南九疑，是为零陵。"果然，到了零陵就看到了九嶷山、舜源峰、玉琯岩，《太史公自序》所说"迁生龙门，耕牧河山之阳。年十岁则诵古文。二十而南游江、淮，上会稽，探禹穴，窥九疑"的地方。然后看到了濂溪故里、月岩、道山、圣脉泉；看到了元次山的浯溪、朝阳岩、阳华岩和寒亭暖谷，看到了柳宗元的高山寺，僧怀素的文秀塔；当然，也看到了"潇湘"和"潇湘八景"的"潇湘夜雨"。

从伊洛上溯到濂溪，这是一个巧合。但是因为来到了湖南，确实使得"濂洛关闽"的地缘关系形成了一个闭环，想来心中也有一番窃喜。

"沙洲一线平，千里到东江。"我已经望见博雅塔了，我到湖南来，是来读书的，我是带着"两吨"书来的。学校安排了两套旧房，可以一套住人，一套放书，安放了10个图书馆陈旧的木书架。"昨日桂花开，今逢橘子黄。蝠鼠时来顾，鸭燕宿中堂。门分左右向，窗临小大塘。西山多起伏，西岩隐其旁。"我计划好好细读阮元校刻的《十三经注疏》，以及《宋

▌张京华在潇湘舟中留影

元明清十三经注疏汇要》和《皇清经解》，而实际上哪部书我都没有读完，因为湖南的本土资源这本书已经映在眼前了。

我在永州待到5年工作期满，但是没走。待到8年，有人说我快成"永州司马柳宗元"了，但我还没走。到了2015年，孔子研究院和湖南师范大学两家来聘，自己感到快成"十三年潇湘上寓客"的宗绩辰了，但我还没走。到了2021年，我在永州退休，这让我想到了"晋公子重耳之及于难也"的晋文公和入胡十九年、"牧羊北海边"的苏武。

2014年7月，《中国教育报》记者李伦娥在永州调研中学教育，偶然经过湖南科技学院，在图书馆楼下桂花树边偶然和我说了几句话，回去很快发表了一篇报道《张京华和他的国学读书会》，此后各家媒体报道相继不绝。《光明日报》湖南记者站站长龙军写了一篇《书生意气到潇湘——记湖南科技学院教授张京华》，居然发表在头版头条。本校时任党委书记陈弘教授特加垂青，向湖南省人民政府写信推荐，中共湖南省委教育工作委员会下发《关于在全省教育系统开展向张京华教授学习活动的通知》。2015年，我被评为湖南十大教育新闻人物、湖南省"党和人民满意的好老师"。我知道这是湖南对我的厚爱，也是湖南人对外来客的容受。

其实我是一个不顾家的人，我把小女从北大附小带到洛阳再带到永州的蘋洲中学（今永州市第九中学），完全没有考虑到小女的感受。正常来看我的确是越走越低、越走越没出息。当我自以为找到了一张安静书桌的时候，其实是极其冒险的决定，可能影响了女儿的学习和成长。

孟子说"去圣人之世若此其未远也，近圣人之居若此其甚也"，这句话背面的一句话其实是"苦其心志，劳其筋骨，饿其体肤，空乏其身，行拂乱其所为，所以动心忍性"。

从诸子到群经

我读书治学的路径,前20年由庄子而老子而孔孟而程朱,综合起来是一个诸子学的场景。到40岁时,因为读钱穆先生的《两汉经学今古文平议》,看到他提出"王官学"和"百家言"的概念,忽然有一种诸子学破灭的感觉袭来,猛然意识到我所追求的先秦诸子学还不是中国学术的极致,在"诸子"前面的是"群经",而"先秦诸子"的"先秦"也只是"晚周",前面更有唐虞三代。原来刘向、刘歆父子所说六经出于王官之学是对的,原来章学诚、章太炎推崇《汉书·艺文志》也是对的,原来胡适提出"诸子不出于王官论"是对《汉志》的误读。

2014年深秋,银杏树叶泛黄的季节,我因事到献县拜访五公山人的裔孙王树森先生,顺便拜谒了毛公冢。在此前后,我开始"言必称三代"。

夏、商、西周合称"三代","虞夏商周"合称四代,"唐虞夏商周"也称"唐虞三代",实为五代。唐虞三代是中华文明的黄金时代,社会伦理的开端、王政道统的开辟、中国学术的起源,都在这一时期高调亮相。

所以,中国文字不是稀里糊涂发源于一个漫长的、谁也说不清的时期,而是出于圣贤精英的贡献;中国学术不是发源于巫术、神话,而是自始出于清醒的理性。我特别赞同张君劢的一段话,张君劢在《明日之中国文化》中比较了世界上七个民族的"独立生存年龄",认为中国文化有一个很崇高的"门楣",结论说道:"以七族之年龄与吾族之四千三百(自《尚书·尧典》始,笔者注)或三千七百(自甲骨文所证明之殷朝始,笔者注)年相比,则吾族为全球第一老大哥显然矣。自有历史以来,绵延不绝者,除吾中华外,世间已无第二国。"

"经学"这个概念,章太炎先生做古文训诂,认为经书就是"线装书"。新文化运动中的新派学者瓦解经学,认为应该打倒经学的神圣性。蔡元培说:"我以为十四经中,如《易》《论语》《孟子》等已入哲学系,《诗》《尔雅》已入文学系,《尚书》、三礼、《大戴记》、春秋三传,已入史学系,无再设经科的必要,废止之。"钱玄同、顾颉刚等都起来应和,但其实都是误解。

六经之中,《诗》是文学,《书》是史学,《礼》是伦理学,《乐》是艺术,《春秋》是政治学,《易》是哲学,固然如此,但这只是就六经的内容而言。就内容而言,六经分属不同的内容;但是就性质而言,六经却具有相同的性质,也就是"王官学"的立场。

2010年,有天晚上,夜不成眠,我在床头用一张便条写了15条提纲:

(1) 论实先名后,经学不得以名求。

(2) 论经自为一类,不得以文史哲分类。

(3) 论经皆政学合一、官师合一,故无所谓学,亦且无所谓名。

(4) 论儒家传经,而经非儒家所专有。

(5) 论经为官学,凡官学皆为经。

(6) 论经学为三代之物,后世可仿佛而不可企及。

(7) 论经皆以技进于道,而道器不离。

(8) 论官学有出天子,有出诸侯。

(9) 论经皆究天人之际,故最为高。

(10) 论晚周诸子多传古学,古学亡佚故诸子独显。

(11) 论秦以当时之法为经,得经学之本旨。

(12) 论汉儒整理遗文,以遗文为经为不得已。

(13) 论汉儒为古司徒之学。

（14）论唐五经正义为后世经学正宗。

（15）论诸子可以升经，宋儒是也。

后来铺叙成文，题为《经学名义》发表出来，合并成8个标题：经之数、经之古、经之史、经之称、经之名、经之义、经之实、经之用。转眼十年了，对经学分析到这样细腻的程度的研究成果并不多。

从疑古到信古

中国现代史学是怎么走过来的？徐旭生先生说："近三十余年（大约自1917年蔡元培长北京大学时起，至1949年全国解放时止），疑古学派几乎笼罩了全中国的历史界。""在各大学中的势力几乎全为疑古派所把持。"以顾颉刚为代表的疑古派认为，中国所谓的五千年历史，实际只有二千年，"只算得打了一个'对折'"。顾颉刚之女评价顾颉刚说"对二千年之中国传统史学予以毁灭性的打击"。在百年史学的前半段，疑古派想要推翻古史的势头是很凶的。

所以我们一拿起《论语》《孟子》《老子》《庄子》来读，疑古派的人就会跳出来说那是伪书。拿起《书》《易》《国语》《左传》来读，更说是伪书。先秦的古书、古事、古史、古人基本上是假的，甚至连《史记》也不可靠。这就造成了经部、史部、子部无书可读的不良后果，实际上是"全盘西化"思潮之下的历史虚无主义。

我因为喜爱诸子，于是被逼无奈，只好先把古书放下，搜集顾颉刚的著述，把七卷十册的《古史辨》逐句逐段勾勾画画细读了一遍，然后才觉顾颉刚的"科学主义"辨伪几乎全部都是假设，刘向、刘歆父子造伪的说法并不成立。

关于古史辨派我有4本书：

（1）《古史辨学说评价讨论集（1949—2000）》，我编的资料集。
（2）《疑古思潮回顾与前瞻》论文集，我编的会议论文集。
（3）《二十世纪疑古思潮》，我是第一作者。
（4）《古史辨派与中国现代学术走向》，我写的独著。

1949年，德国存在主义哲学家雅斯贝斯（Karl Theodor Jaspers，1883—1969）出版的《历史的起源与目标》，提出"在公元前800年到公元前200年间所发生的精神过程，似乎建立了这样一个轴心。在这时候，我们今日生活中的人开始出现。让我们把这个时期称之为'轴心时代'"。"轴心时代"为什么会在中国、印度、巴勒斯坦和希腊同时出现？作者说不出来，作者只描述了一个类似于巧合的现象，相关的陈述不足一页。但是到了20世纪80年代中国几乎所有学者，包括我比较敬佩的学者，全都在使用"轴心时代"的概念。

我认为，雅斯贝斯把中国历史以及古印度文明缩短到和古希腊这个次生文明等同的地步，把公元前6世纪的孔子看作是中国历史的开端，从而否定了唐虞三代，是与疑古派遥相呼应的。所以我撰写了一篇文章《中国何来"轴心时代"？》，打印若干份向学者们请教，承田卫平主编垂青，在《学术月刊》连载。

同时我还有一篇《古史研究的三条途径——以现代学者对"绝地天通"一语的阐释为中心》，第一讨论金景芳的中国古代思想探源，第二讨论徐旭生、顾颉刚的信古与疑古，第三讨论杨宽、袁珂的神话学阐释，第四讨论杨向奎、彭永捷的宗教学阐释，文章发表在台湾《汉学研究通讯》上。

许宏先生说，伴随着"疑古"的兴起，出现了信古、疑古、考古、释古四派。我认为自己该是后起的"信古"一派。"信古"不等于不考古、不释古，不等于没有怀疑精神。"信古"的"信"是文化自信的"信"。孔子说"信而好古"，刘宝楠解释说"信者，知之明；不信，必不能好"。

吾道南来

东汉时期郑玄学成归乡,马融叹曰"郑生今去,吾道东矣"。北宋时期杨时学成归乡,程颢叹曰"吾道南矣"。清末王闿运刻写在岳麓书院的楹联,是对周敦颐理学思想的地位和影响的生动概括,他说:"吾道南来,原是濂溪一脉;大江东去,无非湘水余波。"

我理解:"濂溪一脉",是周子"濂学"的创兴;"吾道南来",是二程"洛学"的南传。"大江东去",是朱子"闽学"的开展,以及阳明心学的兴起,乃至东亚各国的传布。

古代中国、朝鲜、越南、琉球、日本,人文成就领先于世界,号称东亚文明五国。东亚文明五国同文同伦,尊崇道德、仁义、礼乐,典章制度完备,哲学义理饱满,历经宋、元、明、清,达到鼎盛,与欧洲文艺复兴以后的西洋文明形成齐观并美的局面。

大江东去,最终汇流成海。在湖南产生的周敦颐理学思想,经过濂、洛、关、闽的传承,又经过中国、朝鲜、越南、琉球、日本的发展,成为东亚世界近一千年古代社会文明发展的主导思想。

2017年是周敦颐诞辰1000周年,是真正的千载难逢的日子。这一年,我在道县濂溪故里组织学术研讨会,从日本、韩国前来参会的学者就有40多人。同年,江西九江也举行了隆重的纪念活动,除了学术研讨之外,还斥巨资修建了周敦颐纪念馆,排练了大型历史话剧《濂溪先生》,韩国也举行了"濂溪学的展开与栗谷学"国际学术会议,我都前往参加。

这期间看到一些网评,说湖南人怎么什么都抢,周敦颐是九江的,怎么成了湖南的?我知道湖南人研究、宣传周敦颐还远远不够,于是出版了《周敦颐与湖南》。也就是从2017年开始,韩国传统书院中的儒林诸老先生们开始进入湖南,带来了明式传统的讲学和祭祀。

我汇集以往湖南学者对周敦颐的评价,搜集到八条文献。周敦颐在湖南文脉中的重要地位,清代和民国间的学者公认或者屈原和周敦颐二人齐名,或者鬻熊、屈原、周敦颐、王夫之四人并列。

(1)曾国藩将湖南文脉分作"情韵"和"义理"两个方面,将屈原与周敦颐二人并提。他在《湖南文征序》中说道:"周之末,屈原出于其间,《离骚》诸篇为后世言情韵者所祖。逮乎宋世,周子复生于斯,作《太极图说》《通书》,为后世言义理者所祖。两贤者,皆前无师承,创立高文。上与《诗经》《周易》同风,下而百代逸才举莫能越其范围。"

(2)叶德辉将湖南文化上最重要的人物定为鬻熊、屈原、周敦颐、王夫之四人,他在《叶吏部答友人书》中说:"湘学肇于鬻熊,成于三闾,宋则濂溪为道学之宗,明则船山抱高蹈之节。"

(3)戴德诚将屈原与周敦颐并列。他在《湖南宜善于守旧》中说:"三闾以孤愤沉湘,元公以伊尹为志,遂开湘学仁侠之大宗。"

(4)黄光煮也将屈原与周敦颐并列。他在《湖南学派论略》中说:"楚骚起辞赋之宗风,濂学导性理之先路。"

(5)吴博夫仍然将屈原与周敦颐并列。他在《湖南民性》一书中说:"湖南文化……周之末,即有灵均出于其间,《离骚》诸篇,上追《诗雅》。及宋之世,又有茂叔,作《太极图说》《通书》,为赵宋理学开山之祖。两氏所作,炳炳烨烨,褒然为后世所宗。"

(6)钱基博还是将屈原与周敦颐并列。他在《近百年湖南学风》一书中说:"天开人文,首出庶物以润色河山,弁冕史册者,有两巨子焉……一为文学之鼻祖,一为理学之开山,万流景仰,人伦模楷。"

(7)叶德辉的日本弟子松崎鹤雄将周敦颐与王夫之并列。

他在《叶德辉传略》中说:"湖南人士言儒学最晚,远者祖濂溪周氏,阐明性理;近则王船山一派,以议论解经,略参古训;迨邹汉勋、魏源、曾国藩、周寿昌出,与江南人士往来,遂变其学,然不尽宗汉法也。"

(8)李肖聃认为在全部"湘学"中,周敦颐的重要性占第一位。他在《湘学略》一书中说:"《通书》启圣,太极象天,卓尔元公,实牖宋贤。述濂溪学略第一。"

在全部湘学文脉中,周敦颐与屈原二人齐名并列,这是以往学者的定评。

十六字心传

李学勤先生曾说,中国优秀传统文化的核心是儒学,儒学的核心是经学。

儒家思想在各个历史阶段中表现为各种不同的形态,亦即各有不同的思想侧重。其对后世的影响,简明概括,有三个大的阶段。三个阶段各自影响后世一千年上下,在思想上成为中华文明总进程的核心与引领者。

第一阶段:姚姒子姬,或称虞夏商周。

儒家系统的中国文明史,始于《尚书》的《尧典》《舜典》。

唐虞三代是中国古代文明的黄金时代。社会伦理的开端、王政道统的开辟、中国学术的起源,都在这一时期高调亮相。

这时"儒家"的名称还没有出现,但是儒家思想的真实内容已经存在。

《中庸》说,仲尼"祖述尧舜,宪章文武"。《汉书》接着说,儒家者流"祖述尧舜,宪章文武,宗师仲尼"。可知姚姒子姬是儒家公认的开创阶段。

《尚书·虞夏书》记载的十六字心传,"人心惟危,道心惟微,惟精惟一，允执厥中"，尧之所以授舜，舜之所以授禹。十六字心传指出，宇宙天地间，万事万物的存在可以划分为两类：人心和道心。既然认为有"道心"，就必然是承认世界上有统一的客观的规则；既然认为有"人心"，就必然是承认人类的主观能动性，也承认人类的作为与天道相背离的可能性，而时时加以警惕。这一界定和分疏，就是中国哲学的开端。

《尚书·虞夏书》这一记载恰与《论语·尧曰》中的"天之历数在尔躬，允执其中"一节对应，同时又见于《荀子》所引《道经》："人心之危，道心之微。"三种文献共同指认一个文本来源，而清华简《保训》所说"求中""得中"也与此相关，所以十六字心传是可信的。

唐虞时代距今大约4300年，夏禹时代距今大约4100年。从尧舜到孔孟，姚姒子姬的思想影响持续了1800余年。

在姚姒子姬的时代，我们的祖先创立了"唐虞之道""尧舜之道"，影响着上古时期大约1800年的文明历程，直到孔子、孟子出现。换言之，在整个上古时期，是姚姒子姬的思想光芒照耀着我们的前人。

第二阶段：孔曾思孟，或称学庸语孟。

东周之后，人文疲敝，王室夷陵，王官失守。这时候，孔曾思孟崛起，著作《论语》《孟子》《大学》《中庸》，开创了"孔孟之道"，影响了其后中古时期差不多1500年的文明历程。换言之，在从汉到唐的中古时期，是"孔曾思孟"的思想光芒照耀着我们的前人。

第三阶段：周程张朱，或称濂洛关闽。

五代衰世，人伦斁败，鲜廉寡耻，斯文扫地。两宋时期，五星聚奎，文运大开，名儒辈出。周程张朱，凌空崛起，开创出了"理学""道学"的新形态，影响了其后近古时期将近1000年的文明历程。换言之，在从两宋到清代的近古时期，是"周程张朱"的思想光芒照耀着我们的前人。

由周敦颐开创的宋明理学是古代儒家学术思想在五千年多年文明史中的中兴节点,是中古时期民族文化复兴的重要样式。

周敦颐"上承孔孟,下启程朱",是中国古代文化传承的最佳典范。

创办国学院

2015年,在永州服务了12年之后,我面临三个选择:一是应聘中国孔子研究院,承蒙杨朝明院长三顾茅庐式的邀请;二是应聘湖南师范大学,加盟外国语学院,承蒙蒋洪新书记邀请加盟;三是继续留在永州,创建国学院。最后我选择了后者,宁愿待在小地方,尝试六年国学教育。

湖南科技学院国学院是于2015年12月批准筹建的兼具教学与研究性质的实体院系,是湖南省内第一所教学实体设置的国学院,也是国内地方普通高校中第一所教学实体设置的国学院。

国学院的前身是国学研究所和国学读书会,创办之前就已经积累了一定的教学经验,取得了不少科研成果,在国学学科发展上步入前列。国学院一方面将研习传统经史子集四部之学,融汇文学、史学、哲学于一体,另一方面特别注重教学实践,开设有古琴、汉服缝制、书法绘画、石刻传拓、古籍整理、田野考察等特色课程。

国学院的课程设置为六种:

(1)专业核心课程:经学概论、史学概论、子部概论、集部概论、国学概论;

(2)学科基础课程:中国文学专题、中国古代史专题、中国哲学专题、中国古典文献学概论、中国学术史概论;

■ 张京华在布克校园书店主讲国学读书会讲座

■ 张京华在湖南科技学院国学院主讲"潇湘国学七讲"

（3）专业选修课程：经、史、子、集原著导读，文献学原著导读；

（4）通识拓展课程：古琴入门、茶道入门、书法入门、绘画入门、碑拓入门、汉服入门；

（5）集中实践教学环节：田野考察与摩崖石刻、古籍整理与点校；

（6）系列讲座：外聘教授的临时性课程以及读书法、读书指导、治学入门等漫谈。

其时湖南科技学院原党委书记陈弘撰有《集贤楼记》，提出："无文物，不大学。无人文，不大学。无特色，不大学。无大师，不大学。无精神，不大学。"予窃私缀一言曰：无著作，不大学。于是有编纂《湖南科技学院国学丛刊》之议，先后共计出版《周敦颐与宋明理学》等10种著作。

我自己明白，无论是在北上广还是在湖南，都很难再找到一次创办实体国学院的机会了，所以这六年的尝试其实很值得。

关于国学，近代以来出现过两次热潮，第一次在民国时期，其本质是东西方文化的碰撞，第二次在改革开放以后，其本质是马克思主义的中国化。学者和民间有关于国学的种种表述，我自己的定义是：国学是本国学术、国家学术的简称，是开国、立国、守国、治国、保国之学。作为国家学术，国学有五大定律：

（1）承运迭兴的开国定律；

（2）武取文守的立国定律；

（3）无为而治的守国定律；

（4）外儒内法的治国定律；

（5）远交近攻的保国定律。

创办周敦颐研究院

周敦颐是"易学中兴之祖",是宋代理学的开山鼻祖,也是湖湘学的开山鼻祖。

在长沙岳麓书院和汝城濂溪书院都张挂着一幅《湖湘文化脉系表》。在这幅表中,周敦颐居于第一层,他生于湖南,其学说称为"濂学"。

然后是第二层的程颢、程颐,兄弟二人都随周敦颐学习《易经》,他们生于河南,其学说称为"洛学"。

然后是二程的弟子杨时,杨时的弟子罗从彦,罗从彦的弟子李侗,直到一代大儒朱熹。同时又有二程的弟子谢良佐,谢良佐的弟子胡安国,胡安国之子胡宏,直到另外一位大儒张栻。

朱熹居住在福建,其学说称为"闽学"。张栻生于四川,其学说为"蜀学"。朱熹和张栻都是周敦颐的六传弟子。

▌张京华与韩国书院儒林在周敦颐纪念馆

南宋乾道三年（1167），张栻时任岳麓书院、城南书院主教，朱熹专程自福建崇安来到湖南长沙造访，二人相互探讨，深入辨析，史称"朱张会讲"。朱张会讲之后，湖南正式形成了湖湘学派。

看《湖湘文化脉系表》可知，湖湘学派的最早源头是周敦颐，而"朱张会讲"则是周敦颐濂学的回传。

湖南省在2004年成立了濂溪学研究会，会长是梁绍辉先生。我于2005年在湖南科技学院成立了濂溪研究所，到2016年接任梁先生做会长，同时濂溪研究所又获批为湖南省濂溪学研究基地。2022年我从永州退休后成为湘南学院特聘教授，承蒙校党委书记邹宏如支持，成立了周敦颐研究院，内设周敦颐纪念馆。

周敦颐曾"三仕郴阳"，在郴州培养出了程颢、程颐，传授《太极图》，用"孔颜之乐"命题教育学生，实现了"上承孔孟，下启程朱"的伟大文化传承。而周敦颐纪念馆则是国内高校第

■ 张京华参加2017年中韩联合祭祀濂溪祠

一家周敦颐主题纪念馆，是研究周敦颐学术思想的开放平台，是宣传和传播以周敦颐为代表的中华优秀传统文化的教育基地。我们在周敦颐纪念馆为全校理工文医本科生讲授特色实践课程"理学开山周敦颐"。

解读摩崖

　　学术研究最重要的是发掘开拓新的文献领域。我从北大历史学系出来，似乎携带着发掘文献的本能，所以在湖南不一二年就开始踏勘朝阳岩。

　　湖南朝阳岩位于永州旧城西南一千米的潇水西岸，是唐中期由元结开创的一处摩崖石刻群。唐代宗永泰二年（766），元结任道州刺史，经水路过永州，始来游之，维舟岩下，取名"朝阳岩"，作《朝阳岩铭并序》及《朝阳岩下歌》。历唐、宋、元、明、清、民国，名贤士大夫题咏不绝，并建"寓贤祠"于岩上，祀元结、黄庭坚、苏轼、苏辙、邹浩、范纯仁、范祖禹、张浚、胡铨、蔡元定十贤。遂化水石而为人文，成为著名的摩崖石刻

▎2019年，张京华在朝阳岩讲解

景观，迄今已有 1250 余年之久。

按《永州府志·山川志》，朝阳岩"当其晓烟初生，朝暾才上，秀横苍立，可以远视，可以独游，可以静观"，又说"有洞名流香，石淙源自群玉山，伏流出岩腹，色如雪，声如琴，气如兰蕙，冬夏不耗，可濯可湘，从石上奔入绿潭去"。

朝阳岩在湖南科技学院校门外，步行 10 分钟可到，却几乎无人研究，我于是带着中文系学生在朝阳岩上了半年"古代汉语专题"课。

从朝阳岩开始，我们摩崖石刻研究团队走遍了湖南 10 处全国重点文物保护单位：南岳摩崖石刻、浯溪碑林、朝阳岩、阳华岩、玉琯岩、月岩、淡岩、月陂亭、侍郎坦摩崖石刻群、苏仙岭摩崖石刻群。我们也发现了以往不为人知的摩崖石刻——零陵拙岩。

研究摩崖石刻的 20 年，是团队极为繁忙的 20 年。

我们团队获得结业证书 4 本、出版著作共计 12 种、办展 2 场、学术研讨会 2 场，在《光明日报》刊出《灿烂金石　清夺湘流——湖南摩崖石刻中的中华中兴颂》，在《湖南

▎张京华与摩崖石刻研究团队

日报》刊出《辉映于天地间的文化瑰宝》整版报道永州摩崖石刻,在《中国社会科学报》《湖南日报》组稿发表 4 个专版,在《书法报》组稿发表"潇湘摩崖书法专刊"34 个专版,在《书法丛刊》组稿发表"湖南永州摩崖石刻专辑""中兴颂摩崖石刻专辑" 2 个专辑;并被央视、北京卫视、湖南卫视《天天向上》栏目报道;开设籍合学院网络课程"摩崖石刻文献整理"1 门,提交永州摩崖石刻申遗方案 1 项,制作融媒体视频《读石》10 集。

我们还首次提出"摩崖文学""摩崖书法""摩崖石刻学"的概念,首次总结"潇湘摩崖石刻的八个特征"。2023 年,我们获批国家社会科学基金冷门绝学研究专项学术团队项目"湘南摩崖石刻采集整理综合研究",粗粝的湘南摩崖石刻从此走进大雅之堂。

感受潇湘

"潇湘雨,起严冬,八十日,到清明。花未发,桐未生,江水浊,山岳沉。天与地,渺难分,不见日,不见云。之何所,茫不知,生途闭,大道隐。"

我在湘 20 余年,彻底感受了潇湘雨。

人在潇湘,便写了几篇考证文章。

一篇是《马王堆汉墓〈地形图〉〈驻军图〉的再探讨》,马王堆汉墓帛书古地图《地形图》与《驻军图》,其命名与发掘简报发表已有 30 余年,如今提出再研究,可能均与九嶷山虞舜陵墓的祭祀有关。《地形图》应当是指示舜陵祭祀的行程路线图,《驻军图》应当是舜陵祭祀的警跸图。中华文明五千多年的文明史必须追溯到夏代(距今约 4100 年)以前的唐尧、虞舜(距今约 4300 年)时期,所以开展虞舜古史与中华文明起源的研究非常重要。

另一篇是《〈九歌·山鬼〉祀主为九疑山神》，据《汉书·礼乐志》及《梁书·张缵传》两种文献所示，推测《山鬼篇》的祀主当为九嶷山之山神。

还有一组"中国最早的爱情故事"：《中国最早的爱情故事——永州潇湘庙的初步考察》《中国最早的爱情故事——湘妃故事问卷分析》《中国最早的爱情故事——湘妃传说之六大文献系统》《中国最早的爱情故事——〈古列女传·有虞二妃〉的文本结构》。

相关研究在2011年出版了《湘妃考》，到2024年重新出版了《湘妃考（增订本）》。

潇湘是"二水"。

二水为"永"，永州别称"二水"。零陵是舜帝陵的专称，永州得名于潇湘二水。二妃登临蘋洲，泪洒斑竹，娥皇为湘水之神，称为"湘君"，女英为潇水之神，称为"湘夫人"。潇水从九嶷山发源，潇湘与九嶷山，山水相连，南北相望。九嶷山就是舜帝，潇湘就是二妃。永州零陵郡的人文地理是"一山连二水"，人文寓意是"舜帝与湘妃"。

潇湘是清深。

屈原游于江湘，行吟泽畔，作《渔父》。三闾大夫之清白，一如潇湘的深清，而渔父的超脱，也引出了极多的欣赏者。屈原作《渔父》、庄子作《渔父》，《淮南子》记载"弋钓潇湘""躬钓潇湘"，衍生出乐府中的《渔父歌》《欸乃》《渔翁》和《渔家傲》。在中国传统文化中，"渔父"是清者、智者的象征。

潇湘是凄艳。

娥皇、女英作为有虞二妃，列居《列女传》第一卷"母仪"之首，确定了虞舜、湘妃爱情故事的典范意义。《述异记》记载，"舜南巡，葬于苍梧，尧二女娥皇、女英泪下沾竹，文悉为之斑，亦名湘妃竹。""潇湘"成为汉语语汇中最凄艳和最富有诗意的名词。凡言天下之凄艳、圣洁、深情、纯美，必言"潇湘"。

潇湘是高古。

《楚辞·九歌》是楚王祭奠天地云雨山川的乐歌，其中《湘君》《湘夫人》"二湘"与永州相关。在历代画家的《九歌图》中，湘妃处于云雾水气之中，往来于云霞浩渺的空明之处。文徵明笔下的湘君、湘夫人，冰雪绰约，色彩柔和，光影通透，"行墨设色，皆极高古"。可望不可即的云水，以及在木叶萧萧、四时代序中宁静不动的表情，都会告诉人们，她们已经成为潇湘上永恒的水神。

潇湘是纯美。

"潇湘八景"是古代东方的一个超越性的美学意象。自两宋以来，人们依据湘江流域的自然风光，绘制出八幅一组极富诗意的山水图画。潇湘二水汇合处的"潇湘夜雨"是"潇湘八景"中的第一景。宋迪于嘉祐八年到达永州，在淡岩留下摩崖石刻。

▋张京华带领学生在潇湘庙拓碑

"潇湘八景"创始于永州：潇湘夜雨（永州），平沙落雁（衡阳），烟寺晚钟（衡山），山市晴岚（湘潭），江天暮雪（长沙），远浦归帆（湘阴），洞庭秋月（岳阳），渔村夕照（常德）。人居源于审美，幸福源于审美，精神气质源于审美。

湖湘文化与中华道统

在永州的最后两年，我在永州市博物馆讲"永州历史文化资源的独特价值"，在永州潇湘意摩崖石刻拓片博物馆组织和主讲"永州十大历史文化现象解读"系列公益讲座，总结永州的10个一级历史文化资源。

我接触地域文化的时间比较早，1995年出版的《燕赵文化》是第一本关于"燕赵文化"的专书，这本书是辽宁教育出版社《中国地域文化丛书》之一，整套丛书共有24本，是当时最全的一套地域文化丛书。

不是所有的地域都有地域文化，也不是所有的地域都有连续的地域通史，不是所有连续的地域通史都有一贯的文化精神。按照这个思路，我最注意的问题是怎么给一个地域的文化下定义。《燕赵文化》给出的定义是：燕赵区域在文化上的特征就是慷慨悲歌、好气任侠，具有既不同于中原、关陇，又不同于齐鲁、江南的特点。

来到湖南以后，我就着手给湖南的地域文化下定义。巧合的是，《史记》里称道"慷慨悲歌"的地方有两处：一处是燕国，另外一处正是楚国。

到湖南的第九年，2012年，我的《湘楚文明史研究》出版了。这本书总共谈了湖南地域文化的8个专题：羲和祝融论、乐夔论、巫觋论、虞舜论、鬻熊论、濂溪论、船山论、潇湘论，实际上应该是10个专题，因为紧接着"虞舜论"的《湘妃考》是单独出版的,"摩崖石刻"专题也是单独出版的。

《湘楚文明史研究》这本书,用的是"湘楚"而不是"湖湘",因为《鬻子》一书为子学之宗、楚学之祖;用的是"文明"而不是"文化",因为习惯上"文化"多指现象,"文明"才表达高度。

我认为,湖南有三大学术传统:湘学肇于鬻熊——以鬻子为中心的诸子学传统;起辞赋之宗风——以屈原为中心的诗赋传统;理学开山之祖——以周敦颐为中心的义理传统。这三大学术传统显示出了湖南对于整个中华文明所作出的重要贡献。

实际上,在我们着力发掘本土地域文化的同时,也要清楚地知道任何地域文化都只是中华文明的一个组成部分。孔子曰:齐一变,至于鲁;鲁一变,至于道。朱熹云:齐俗急功利,喜夸诈,乃霸政之余习。鲁则重礼教,崇信义,犹有先王之遗风焉……道,则先王之道也。

面对"湖湘文化与中华文化核心道统"这一当下命题,我期望在中华文明史的发展脉络下,探讨湖湘文明史的书写,构建"湖湘文明史"框架,从"湖湘文明史"的角度梳理和提升湖湘文化的内涵和品质。我期望从中华文明史的整体性、统一性出发,探讨湖南传统精神、思想、学术最优秀、最卓越的精华所在,及其对于中华文明史的独特贡献。月印万川,理一万殊,只有将地域文化与中华文明紧密相连,地域文化才会显露出自己特殊而不可替代的重要价值。

名家问学

> 人的生命应当追求意义,学术研究也应当追求意义。

主要学术成就

著 作

《潇湘国学七讲》，商务印书馆，2024年
《湘妃考（增订本）》，商务印书馆，2024年
《〈日知录〉版本研究》，商务印书馆，2023年
《潇湘锓云——石刻》，湖南美术出版社，2022年
《顾炎武与〈日知录〉研究》，中国社会科学出版社，2022年
《庄子哲学——逻辑、概念及其思想体系比较研究》，商务印书馆，2021年
《中国文学散论》，中国社会科学出版社，2020年
《周敦颐与湖南》，岳麓书社，2020年
《晚周诸子学研究》，中国社会科学出版社，2017年
《湘楚文明史研究》，华东师范大学出版社，2012年

课 题

国家社会科学基金冷门绝学研究专项学术团队项目：湘南摩崖石刻采集整理综合研究，2023年
中国历史研究院重大学术项目：五帝传说时期的历史文化研究，2020年
湖南省哲学社会科学基金"学术湖南"精品培育项目：湖南碑刻研究，2020年
湖南省社会科学基金重大委托项目：《道南文献集成》整理与研究——中古时期以湖南为中心的儒学复兴，2017年
国家社会科学基金一般项目：清代经学之开山——顾炎武《日知录》整理与研究，2014年

文 章

《周敦颐在廉洁文化中的独特价值》，船山学刊，2023年第2期
《周与爵、周沈珂两种〈濂溪集〉版本考辨》，朱子学研究，2022年第1期
《虞舜时期在中华文明起源中的贡献和地位》，求索，2022年第4期
《由〈太极图〉看周敦颐的哲学学说》，中国社会科学报，2022年5月30日
《万劫终归韩国士，一生窃附孔门人——存亡之际的〈秋潭别集〉》，外国文学评论，2022年第1期
《濂溪理学的哲学意蕴》，湖南社会科学，2018年第1期
《〈新元史〉的编纂与校勘》，求索，2017年第9期
《宋本〈列子鬳斋口义〉考》，图书馆，2017年第4期

后记

湖湘大地是孕育思想和文化的一片沃土。近些年来，湖南省社科联精心打造《名家故事》系列丛书，旨在记录和呈现社科名家的成长史和奋斗史。目前，丛书已公开出版发行三辑，得到了全省社科界和广大社科工作者的认可。2024年3月—8月，我们在"湖南社科"微信公众号连续刊发12位社科名家的故事，广获赞誉。为了更好展示新时代湖湘社科学人精神风貌，我们决定将这些故事结集出版。

本辑精心收录了12位社科名家的精彩故事，依年龄之序，精心编排，娓娓道来。在编纂过程中，我们得到了这些社科名家的鼎力支持与无私奉献。他们不仅多次亲自校稿改稿，精心整理相关资料照片，还接受了我们的深入采访，确保了书稿内容的真实性与准确性。特别是一些年事已高的名家，仍不辞辛劳地参与其中，令人感佩。

书中所有故事皆由社科名家自述或亲自撰写，或追忆难忘的学术经历，或讲述影响深远的人物际遇，或道出刻骨铭心的挑战突破，或呈现激动人心的学术成果。一篇篇独立而生动的故事，如镜照人，全方位、多角度展现名家的学术生涯与人格魅力，同时配以精选照片，让读者在文字与图像的交织中，真切感受学者们的风采与智慧。

秉承《名家故事》系列丛书的一贯风格，我们特别增设主标题"问学"，意寓探赜索隐，求学问之道。每篇文章正文前附名家个人简介、照片外，创新增设"学术足迹"示意图，其设计灵感源自古代方志舆图，并融入现代设计元素进行演绎，既让名家的学术历程跃然纸上，使读者的阅读体验更加丰富立体，又增美学元素，添阅读雅趣。

本书的出版是集体智慧与努力的结晶。湖南省社科联党组高度重视，多次研究作出部署、提出要求、给予支持。省社科联党组书记、副主席（主持日常工作）胡代松同志亲自挂帅担任主编，提出编辑出版该书的基本思路并负责策划组织工作。省社科联党组成员、副主席贺建湘同志、雷炘同志、黄云志同志负责具体协调和组稿工作。省文联党组成员、副主席，省书法家协会副主席倪文华同志欣然题赠书名。省社科联省情与对策研究中心彭培根同志、曾梦芳同志承担着收集资料、组稿改稿、编校审阅等工作，李珍珍同志、刘蓉同志完成了有力的协助工作。湖南人民出版社为本书出版和发行提供了支持，社长张勤繁同志以及黎红霞同志、何萌同志等在书稿编辑、校对等出版过程中给予了很大的帮助，提出了许多宝贵的意见。

在此，我们向所有为本书付出努力的同志表示衷心感谢！向关心支持《问学：名家故事（第四辑）》的笔者与读者表示崇高敬意！同时，诚挚欢迎广大社科工作者与读者提出宝贵意见与建议，以便我们不断改进与完善。

愿"名家故事"栏目能够成为大众了解湖南社科的一个窗口，激发更多人对哲学社会科学的热爱和追求。同时，也希望她能成为一份永恒的纪念，见证湖南社科事业的辉煌历程。

编者

2025年1月